ツーリズム中国語 ようこそ日本へ！

篠原征子

駿河台出版社
SURUGADAI SHUPPANSHA

本書の音声は駿河台出版社ホームページから無料でダウンロードできます。
下記 URL を入力するか、弊社ホームページから「ツーリズム中国語」を検索し、音声をダウンロードしてください。音声ファイルは圧縮されていますので、スマートフォンでご利用の場合は解凍ソフトをアプリストアよりダウンロードの上、ご使用ください。

http://www.e-surugadai.com/books/isbn978-4-411-03128-0

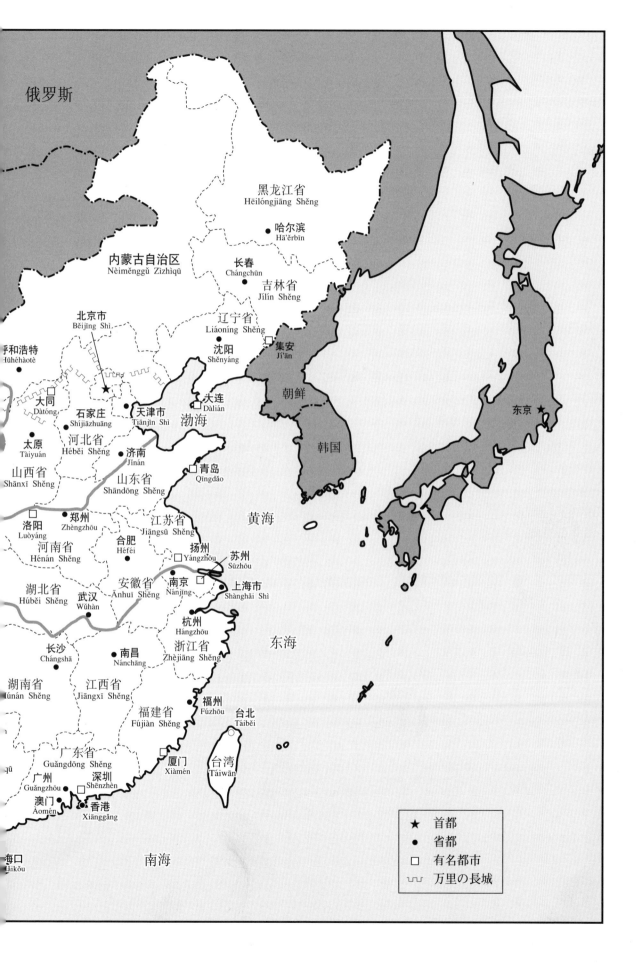

俄罗斯

黑龙江省
Hēilóngjiāng Shěng

哈尔滨
Hā'ěrbīn

内蒙古自治区
Nèiměnggǔ Zìzhìqū

长春
Chángchūn

吉林省
Jílín Shěng

北京市
Běijīng Shì

辽宁省
Liáoníng Shěng

呼和浩特
Hūhéhàotè

沈阳
Shěnyáng

集安
Jí'ān

大同
Dàtóng

石家庄
Shíjiāzhuāng

天津市
Tiānjīn Shì

大连
Dàlián

渤海

朝鲜

太原
Tàiyuán

河北省
Héběi Shěng

济南
Jǐnán

山西省
Shānxī Shěng

山东省
Shāndōng Shěng

青岛
Qīngdǎo

黄海

韩国

洛阳
Luòyáng

郑州
Zhèngzhōu

江苏省
Jiāngsū Shěng

河南省
Hénán Shěng

合肥
Héféi

扬州
Yángzhōu

苏州
Sūzhōu

东京
东京 ★

湖北省
Húběi Shěng

武汉
Wǔhàn

安徽省
Ānhuī Shěng

南京
Nánjīng

上海市
Shànghǎi Shì

长沙
Chángshā

南昌
Nánchāng

杭州
Hángzhōu

浙江省
Zhèjiāng Shěng

东海

湖南省
Húnán Shěng

江西省
Jiāngxī Shěng

福建省
Fújiàn Shěng

福州
Fúzhōu

台北
Táiběi

广东省
Guǎngdōng Shěng

厦门
Xiàmén

台湾
Táiwān

广州
Guǎngzhōu

深圳
Shēnzhèn

澳门
Àomén

香港
Xiānggǎng

海口
Hǎikǒu

南海

★ 首都
● 省都
□ 有名都市
〜 万里の長城

まえがき

　古くから「かわいい子には旅をさせよ」と言う。旅は子を成長させるには最も良い方法だと考えられているからだ。

　本当かなあ、と疑う人もいる。そんな人に「比・从・北・化」のプロセスを紹介したい。この四つの漢字は共通点が一つある。甲骨文字では、どれも二つの「人」という字から成り立っている。「比」は比べる。例えば、「今日はお天気がいいね」、「これ、美味しい」、「あれはあまり好きではない」など、これらはすべて他と比べた結果である。ほぼ無意識の中で行われているが、人間が外界を認識する第一段階である。「从」は人について行く。人間は比べて良いと思った方について行き、まねをする。真似しているうちにどんどん成長して、やがて物足りなくなり、背を向けて、より良い方について行く、これは第三段階の「北」である。取捨選択して良いものをたくさん受容した後、それらの良いものをさらに自分に合うように、もっと良くなるように変えていく、これは第四段階の「化」である。人間は異文化に出逢った瞬間からこの「比・从・北・化」のプロセスが始まる、旅はそのきっかけである。

　私自身も中国からの旅人であった。別れの辛さや寂しさを知っていながらも快く長い旅に送り出してくれた両親に深く感謝している。その旅のおかげで私は日本語を習得しただけではなく、日本人の優しさや日本の文化にたくさん触れることができ、心が大きく成長した。今回は旅の経験と旅を案内する経験を元に『ツーリズム中国語』を考案した。

　本書を手にした方が、楽しみながら自然な中国語と真のコミュニケーション能力を身につけ、仕事やボランティア活動などで活躍し、人生の旅がもっと豊かなものになれることを願っている。

2019 年　秋

篠原征子

　旅に出かける人に周りからはよく「一路順風」（道中ご無事で）という言葉をかけます。旅は非日常だけに、トラブルやハプニングがつきものです。いい旅はハプニングなど全くない旅ではなく、どんなことに遭遇しても上手く解決し、不運や不愉快の要素を楽しみの種にできる旅であると私は思います。

　本書は、旅路に旅案内が必要とする 14 の場面をピックアップし、安全・安心・楽しい・心に残る旅を実現するために、観光ガイドとして使うべき言葉を紹介しています。各課は新出語句、旅案内会話、文法ポイント、練習問題、コラムで構成されています。新出語句では、発音を正確に把握するためにピンインを会話文から探し出して、書いてもらいます。

　旅案内会話は、以下のことに拘っています。

1. 丁寧な言葉使い
2. 要点をしっかり押さえた簡潔な説明
3. 文化風習の違いや不注意によるトラブルをできるだけ未然に防ぐ明確な注意
4. ハプニング発生時に思いやりがあり、しかも過不足のない適切な対処

　文法ポイントでは、使用頻度の高い文型を取り上げ、応用力のアップを期待しています。また、間違いやすいものは誤文を挙げて比較しながら説明するなどの工夫をしています。

　練習問題は練習問題Ａ、Ｂとチャレンジシートの３種類にしています。練習問題Ａ、Ｂでは作文力とリスニング力を鍛え、チャレンジシートは、いざ中国人の前で話すとなると緊張して本領発揮できないことのないように、普段から聞き手を意識するための練習です。

　コラムには、ホスピタリティの視点から、「心の旅、文化の旅」をテーマとした、不運や文化風習の違いによって生じる不愉快の要素を楽しみに変え、旅をもっと深める材料を載せています。

　旅の終わりにツーリストから、ガイドさんのお陰でとてもいい旅ができた、また日本に来たい、またガイドさんに会いたいと言われることを願っています。

目 次

第 1 課　空港での出迎え　机场迎接 ……………………………… 12

学習ポイント ①

■　"往〜Ｖ（動詞）" ―「〜の方へＶ」

■　"Ｖ（動詞）＋好" ―「Ｖ終わる」

■　"跟〜Ｖ（動詞）" ―「〜についてＶ、〜と一緒にＶ」

第 2 課　スケジュールの案内　介绍日程安排 ……………………… 18

学習ポイント ②

■　"请＋（人）＋Ｖ（動詞）" ―「（人）にＶていただく」

■　形容詞の重ね型

■　"Ｖ（動詞）＋一下" ―「ちょっとＶ」

第 3 課　食事案内　就餐 ……………………………………………… 24

学習ポイント ③

■　"除了〜，还……" ―「〜のほか、さらに……」

■　順番を表す"首先、然后、最后"

■　"Ｖ（動詞）＋在〜" ―「〜にＶ」動詞の後ろの前置詞句

第 4 課　観光案内　观光导游 ………………………………………… 30

学習ポイント ④

■　助動詞"可以"、"能"、"会"

■　"虽然〜，但是……" ―「〜ではあるが、しかし……」

■　"是〜的" ―「〜のです」

第 5 課　宿泊　住宿 …………………………………………………… 36

学習ポイント ⑤

....

1 声調の復習 🎧01

第一声	第二声	第三声	第四声
ā	á	ǎ	à

2 ピンインの復習 🎧02

単母音

a	o	e	i (yi)	u (wu)	ü (yu)	er

子音 🎧03

b (o)	p (o)	m (o)	f (o)
d (e)	t (e)	n (e)	l (e)
g (e)	k (e)	h (e)	
j (i)	q (i)	x (i)	
zh (i)	ch (i)	sh (i)	r (i)
z (i)	c (i)	s (i)	

複母音 🎧04

ai	ei	ao	ou				
ia (ya)	ie (ye)	ua (wa)	uo (wo)	üe (yue)			
iao (yao)	iou (you)	uai (wai)	uei (wei)				
an	en	in	ün (yun)	ian (yan)	uan (wan)	üan (yuan)	uen (wen)
ang	eng	ing (ying)	ong	iang (yang)	uang (wang)	iong (yong)	ueng (weng)

3 常用あいさつ語 🎧 05

(1) 你早！　　　　Nǐzǎo!

(2) 你（您）好！　Nǐ (nín) hǎo!

(3) 你们好！　　　Nǐmen hǎo!

(4) 谢谢！　　　　Xièxie!

(5) 不用谢！　　　Búyòngxiè!

(6) 对不起！　　　Duìbuqǐ!

(7) 没关系！　　　Méiguānxi!

(8) 再见！　　　　Zàijiàn!

4 指示代名詞 🎧 06

这 (zhè)	那 (nà)	哪 (nǎ)
这个 (zhèige/zhège)	那个 (nèige/nàge)	哪个 (něige/nǎge)
这里 (zhèli)/ 这儿 (zhèr)	那里 (nàli)/ 那儿 (nàr)	哪里 (nǎli)/ 哪儿 (nǎr)

5 数字の言い方 🎧 07

0	1	2	3	4	5	6	7	8	9	10
líng	yī	èr	sān	sì	wǔ	liù	qī	bā	jiǔ	shí

100	一百	yìbǎi	105	一百零五	yìbǎilíngwǔ
1000	一千	yìqiān	215	二百一十五	èrbǎiyīshiwǔ
10000	一万	yíwàn	350	三百五（十）	sānbǎiwǔ(shí)

6 年月日の言い方 🎧 08

2020年 7月24号　　　èrlíngèrlíngnián qīyuè èrshisìhào.

今天几月几号？　　　Jīntiān jǐyuè jǐhào?

7 曜日の言い方 🎧 09

今天星期二。　　　　Jīntiān xīngqī'èr.

明天星期几?　　　　Míngtiān xīngqījǐ?

8 時刻の言い方 🎧10

1:00	一点	yīdiǎn
2:05	两点零五分	liǎngdiǎn líng wǔ fēn
3:15	三点一刻	sāndiǎnyíkè
4:30	四点半	sìdiǎnbàn
5:40	五点四十分	wǔdiǎn sìshífēn
6:57	差三分七点	chà sān fēn qī diǎn
	现在几点?	Xiànzài jǐdiǎn?

9 時間量の言い方 🎧11

十分钟 shífēnzhōng	一个小时 yígexiǎoshí	两天 liǎngtiān	一个星期 yígexīngqī	一个月 yígeyuè	一年 yìnián
几分钟?	几个小时?	几天?	几个星期?	几个月?	几年?

10 基本文型 🎧12

(1) 動詞述語文

「主語＋動詞（＋目的語）」

肯定文：	他去（日本）。	Tā qù (Rìběn).
否定文：	他不去（日本）。	Tā bú qù (Rìběn).
	他没去（日本）。	Tā méi qù (Rìběn).
疑問文：	他去（日本）吗?	Tā qù (Rìběn) ma?
	他去不去（日本）?	Tā qùbuqù (Rìběn)?
	他去哪儿?	Tā qù nǎr?

(2) 形容詞述語文 🎧13

「主語（＋副詞）＋形容詞」

肯定文：	今天（很）冷。	Jīntiān (hěn) lěng.
否定文：	今天不冷。	Jīntiān bù lěng.
疑問文：	今天冷吗?	Jīntiān lěng ma?
	今天冷不冷?	Jīntiān lěngbulěng?

ツーリズム中国語

第 *1* 課　空港での出迎え

単語帳　ピンインを本文から探して ＿＿＿ に書き込みなさい。　🎧 14

1 旅行社 ＿＿＿＿：旅行会社

2 欢迎 ＿＿＿＿：歓迎する

3 观光 ＿＿＿＿：観光

4 旅游 ＿＿＿＿：旅行

5 请问 ＿＿＿＿：お伺いします

6 姓名 ＿＿＿＿：氏名

7 下一位 ＿＿＿＿：次の方

8 洗手间 ＿＿＿＿：お手洗い

9 请〜 ＿＿＿＿：〜してください

10 直走 ＿＿＿＿：まっすぐ行く

11 然后 ＿＿＿＿：その後、それから

12 往〜 ＿＿＿＿：〜へ

13 拐 ＿＿＿＿：曲がる

14 齐 ＿＿＿＿：そろう

15 大家 ＿＿＿＿：みなさん

16 拿 ＿＿＿＿：持つ

17 行李 ＿＿＿＿：荷物

18 跟 ＿＿＿＿：〜について、と一緒に

■旅行会社の山田令和さんは初めて空港で中国の観光ツアーを迎えます。

山田 您 好！ 我 是 西南 旅行社 的 山田。
Nín hǎo! Wǒ shì Xī'nán lǚxíngshè de Shāntián.

欢迎 您 来 日本 观光 旅游！
Huānyíng nín lái Rìběn guānguāng lǚyóu!

谷实 你 好！
Nǐ hǎo!

山田 请 问 您 的 姓名。
Qǐng wèn nín de xìngmíng.

谷实 我 姓 谷， 叫 谷 实。
Wǒ xìng Gǔ, jiào Gǔ Shí.

■名簿を確認して

山田 好， 谢谢！ 下 一 位 请。
Hǎo, Xièxie! Xià yí wèi qǐng.

黄沐 我 叫 黄 沐。 对不起， 洗手间 在 哪儿？
Wǒ jiào Huáng Mù. Duìbuqǐ, xǐshǒujiān zài nǎr?

山田 请 直走， 然后 往 右 拐。
Qǐng zhí zǒu, ránhòu wǎng yòu guǎi.

■人数を確認して

山田 人 齐 了， 请 大家 拿好 行李 跟 我 来。
Rén qí le, qǐng dàjiā ná hǎo xíngli gēn wǒ lái.

一　"往～V（動詞）"「～の方へV」

① 请 往 前 看。
Qǐng wǎng qián kàn.

② 他 没 往 这边 来，往 那边 去 了。
Tā méi wǎng zhèibiān lái, wǎng nèibiān qù le.

◆ 这边：こちら

③ 这 是 往 哪里 去 的 电车？
Zhè shì wǎng nǎli qù de diànchē?

二　"V（動詞）＋好"「V終わる」

① 大家 都 准备 好 了。
Dàjiā dōu zhǔnbèi hǎo le.

◆ 准备：準備する

② 他 没 吃 好 饭 呢。
Tā méi chī hǎo fàn ne.

③ 你 坐 好 了 吗？
Nǐ zuò hǎo le ma?

◆ 坐：座る

三　"跟～V（動詞）"「～についてV、～と一緒にV」

① 我们 跟 山田 去 旅游。
Wǒmen gēn Shāntián qù lǚyóu.

② 黄 沐 没 跟 山田 去 洗手间。
Huáng Mù méi gēn Shāntián qù xǐshǒujiān.

③ 他 跟 谁 喝 咖啡？
Tā gēn shéi hē kāfēi?

練習問題 A1

❶ 次の中国語のピンインを [ ] に書き、日本語の意味を （ ） に書きましょう。

① 旅行社 [   ] （   ）

② 下一位 [   ] （   ）

③ 洗手间 [   ] （   ）

④ 直走 [   ] （   ）

⑤ 行李 [   ] （   ）

⑥ 旅游 [   ] （   ）

❷ 日本語の意味になるように語句を並べ替えましょう。

1 彼は準備ができていない。

　　他 _____

　　① 好　　② 准备　　③ 没　　④ 呢

2 お名前をお伺いします。

　　_____

　　① 您　　② 姓名　　③ 的　　④ 请问

3 次の方どうぞ。

　　_____

　　① 一　　② 下　　③ 请　　④ 位

❸ 日本語を中国語に訳しましょう。

1 すみません、お手洗いはどこにありますか。

_____

2 まっすぐ行って、それから右に曲がってください。

_____

3 皆さん揃いましたので、荷物をお持ちになって私についてきてください。

_____

1 音声を聞いて、声調記号をつけ、対応する漢字を（　）に書きましょう。　🎧17

① huan ying
（　　　　）

② guan guang
（　　　　）

③ ran hou
（　　　　）

④ xing ming
（　　　　）

⑤ wang
（　　　　）

⑥ guai
（　　　　）

⑦ qi
（　　　　）

⑧ na
（　　　　）

⑨ ge
（　　　　）

2 中国語の質問を聞き、答えとして正しいものを選びましょう。　🎧18

1 A：请问洗手间在哪儿？
　B：
① 　　　　② 　　　　③ 　　　　④

2 A：您的行李拿好了吗？
　B：
① 　　　　② 　　　　③ 　　　　④

3 中国語の問いを書きとり、中国語で答えましょう。　🎧19

1 Q：_____

　A：_____

2 Q：_____

　A：_____

3 Q：_____

　A：_____

◀◀◀ チャレンジシート1 ▶▶▶

グループを組んで、自分たちの状況に合わせて、以下について中国語で言えることを確認し、教室などの入口付近で「空港でのお出迎え」のシーンを実際にやってみましょう。できれば動画に撮ってみましょう。

❶ 簡単な自己紹介 ＿＿＿＿＿＿＿＿＿＿＿＿＿＿＿＿＿＿＿＿
（所属と名字）

❷ 歓迎のあいさつ ＿＿＿＿＿＿＿＿＿＿＿＿＿＿＿＿＿＿＿＿

❸ 名簿で参加者確認 ＿＿＿＿＿＿＿＿＿＿＿＿＿＿＿＿＿＿

❹ トイレの案内 ＿＿＿＿＿＿＿＿＿＿＿＿＿＿＿＿＿＿＿＿＿

❺ 人数の確認 ＿＿＿＿＿＿＿＿＿＿＿＿＿＿＿＿＿＿＿＿＿＿

❻ 忘れ物への注意 ＿＿＿＿＿＿＿＿＿＿＿＿＿＿＿＿＿＿＿

❼ 次に案内 ＿＿＿＿＿＿＿＿＿＿＿＿＿＿＿＿＿＿＿＿＿＿＿

有 朋 自 远 方 来，不 亦 说 乎。
Yǒu péng zì yuǎn fāng lái, bú yì yuè hū.

学 而 时 习 之，不 亦 乐 乎。
Xué ér shí xí zhī, bú yì lè hū.

——孔子
Kǒngzǐ

第2課 スケジュールの案内

単語帳　ピンインを本文から探して _____ に書き込みなさい。 🎧20

1 导游 _____	：ガイド		**12** 品尝 _____	：味わう
2 关照 _____	：お願いします		**13** 套餐 _____	：定食
3 下面 _____	：次に		**14** 参观 _____	：見物、見学（する）
4 介绍 _____	：紹介、案内（する）		**15** 游览 _____	：見物して歩く
5 一下 _____	：ちょっと		**16** 鳗鱼宴 _____	：ウナギ料理
6 安排 _____	：予定		**17** 到达 _____	：到着する、着く
7 先 _____	：先ず		**18** 住宿 _____	：泊まる
8 对表 _____	：時計を合わせる		**19** 饭店 _____	：ホテル
9 整 _____	：ちょうど		**20** 希望 _____	：望む
10 左右 _____	：前後		**21** 愉快 _____	：楽しい
11 午餐 _____	：昼食			

山田 大家 好！ 非常 感谢 各位 参加 这次 观光 旅游。
Dàjiā hǎo! Fēicháng gǎnxiè gèwèi cānjiā zhèicì guānguāng lǚyóu.

我 是 导游 山田 令和。请 多多 关照。
Wǒ shì dǎoyóu Shāntián Lìnghé. Qǐng duōduō guānzhào.

下面，我 给 大家 介绍 一下 今天 的 安排。
Xiàmian, wǒ gěi dàjiā jièshào yíxià jīntiān de ānpái.

请 先 对 一下 表，现在 是 日本 时间 十二 点 整。
Qǐng xiān duì yíxià biǎo, xiànzài shì Rìběn shíjiān shí'èr diǎn zhěng.

下午 一 点 左右 吃 午餐，请 您 品尝 海鲜 套餐。
Xiàwǔ yī diǎn zuǒyòu chī wǔcān, qǐng nín pǐncháng hǎixiān tàocān.

午饭 后，请 大家 参观 小仓城 和 松本 清张 纪念馆，
Wǔfàn hòu, qǐng dàjiā cānguān Xiǎocāngchéng hé Sōngběn Qīngzhāng jìniànguǎn,

然后 游览 鱼町 商店街。
ránhòu yóulǎn yúdīng shāngdiànjiē.

六 点 吃 晚餐。请 大家 品尝 鳗鱼宴。
Liù diǎn chī wǎncān. Qǐng dàjiā pǐncháng mànyú yàn.

晚上 八 点 左右 到达 大家 住宿 的 饭店。
Wǎnshang bā diǎn zuǒyòu dàodá dàjiā zhùsù de fàndiàn.

希望 大家 旅游 愉快！
Xīwàng dàjiā lǚyóu yúkuài!

一　"请＋（人）＋V（動詞）"「（人）にVていただく」

① 请 老师 介绍 今天 的 安排。　　　　　　　◆ 老师：先生
　　Qǐng lǎoshī jièshào jīntiān de ānpái.

② 请 大家 品尝 中国菜。　　　　　　　　　　◆ 中国菜：中華料理
　　Qǐng dàjiā pǐncháng Zhōngguócài.

③ 请 他 来 日本。
　　Qǐng tā lái Rìběn.

二　形容詞の重ね型

① 请 多多 关照。
　　Qǐng duōduō guānzhào.

② 大家 好好儿 休息。　　　　　　　　　　　　◆ 休息：休む
　　Dàjiā hǎohāor xiūxi.

③ 你 慢慢儿 游览。　　　　　　　　　　　　　◆ 慢：ゆっくり
　　Nǐ mànmānr yóulǎn.

三　"V（動詞）＋一下"「ちょっとV」

① 大家 看 一下 今天 的 安排。
　　Dàjiā kàn yíxià jīntiān de ānpái.

② 请 听 一下 山田 的 介绍。　　　　　　　　◆ 听：聞く
　　Qǐng tīng yíxià Shāntián de jièshào.

③ 请 在 这里 等 一下。　　　　　　　　　　　◆ 等：待つ
　　Qǐng zài zhèli děng yíxià.

練習問題 A2

1 次の中国語のピンインを [ ] に書き、日本語の意味を ( ) に書きましょう。

① 安排　[　　　　　　　] (　　　　　　　　)
② 対表　[　　　　　　　] (　　　　　　　　)
③ 左右　[　　　　　　　] (　　　　　　　　)
④ 参观　[　　　　　　　] (　　　　　　　　)
⑤ 饭店　[　　　　　　　] (　　　　　　　　)
⑥ 希望　[　　　　　　　] (　　　　　　　　)

2 日本語の意味になるように語句を並べ替えましょう。

1 まずは時計を合わせてください。

请
_____
① 对　　② 表　　③ 先　　④ 一下

2 皆さんにウナギ料理を味わっていただきます。

_____
① 大家　　② 品尝　　③ 请　　④ 鳗鱼宴

3 旅行を楽しんでいただきたいと思います。

_____
① 大家　　② 希望　　③ 愉快　　④ 旅游

3 日本語を中国語に訳しましょう。

1 次に、（私は皆さんに）今日の予定をご案内いたします。

_____

2 どうぞよろしくお願い致します。

_____

3 二十時ごろに皆さんがお泊りになるホテルに着きます。

_____

❶ 音声を聞いて、声調記号をつけ、対応する漢字を（　）に書きましょう。 🎧23

❶ xian
（　　　）

❷ zheng
（　　　）

❸ dao you
（　　　）

❹ guao zhao
（　　　）

❺ yi xia
（　　　）

❻ pin chang
（　　　）

❼ dao da
（　　　）

❽ you lan
（　　　）

❾ zhu su
（　　　）

❷ 中国語の質問を聞き、答えとして正しいものを選びましょう。 🎧24

1 A：几点吃晚餐？

B：

① ② ③ ④

2 A：下午我们去哪儿？

B：

① ② ③ ④

❸ 中国語の問いを書きとり、中国語で答えましょう。 🎧25

1 Q：_____

A：_____

2 Q：_____

A：_____

3 Q：_____

A：_____

◀◀◀ チャレンジシート2 ▶▶▶

初めてあなたの住む街にやって来た中国人ツーリストに、この街の素晴らしさを知ってもらうのに、どこを案内しますか。見てほしい風景、味わってほしい料理、体験してほしいこと、知ってほしい文化や風習がたくさんあります。旅行者の気持ちになり、無理のない充実した楽しいスケジュールを作って、以下について中国語で言えることを確認し、スケジュールを紹介するシーンを実際にやってみましょう。できれば動画に撮ってみましょう。

❶ 旅行参加への感謝 ＿＿＿＿＿＿＿＿＿＿＿＿＿＿＿＿＿＿＿＿＿＿＿

❷ 自己紹介とあいさつ ＿＿＿＿＿＿＿＿＿＿＿＿＿＿＿＿＿＿＿＿＿＿

❸ 時計を合わせる ＿＿＿＿＿＿＿＿＿＿＿＿＿＿＿＿＿＿＿＿＿＿＿＿

❹ 時間順に予定を案内 ＿＿＿＿＿＿＿＿＿＿＿＿＿＿＿＿＿＿＿＿＿＿

❺ 結びのことば ＿＿＿＿＿＿＿＿＿＿＿＿＿＿＿＿＿＿＿＿＿＿＿＿＿＿

相手の呼び方

　日本語には便利な「さん」や「様」がある。性別や年齢、職業などに関係なく使え、しかも、尊敬の念を表すことができる。一方、中国語にはこのような語彙はなく、女性には「女士」、男性には「先生」、子供には「小朋友」を名前の後ろに付けて、丁寧さを表現する。任意の一人のお客さんを呼ぶときは「お客さん」に当たる「客人」を使うのではなく、「朋友」を使うのが一般的だ。例えば：「お手洗いに行きたいお客様はこちらにいらっしゃってください」は「想去洗手間的朋友请到这边来」となる。もしかしたら、孔子様のお言葉「有朋自远方来，不亦说乎」から来ているのかもしれない（笑）。

　一方、中国人はあなたのことをどう呼ぶのか。中国人は二音節好みで、単音節には違和感を覚えるので、もしあなたの苗字が二音節であれば、そのまま何もつけずに呼ぶことが多い。例えば、山田、田中など。「呼び捨てにされた、失礼ね」と思うかもしれないが、中国人の頭の中には、呼び捨てイコール失礼という意識がなく、親近感の表れだと思っている。尊敬の念を表すときには、職業名の「ガイド」に当たる「导游」や「导」を苗字の後ろに付ける。「山田导游」や「林导」のように。これも二音節に整えるためで、やはり常に音韻美に配慮している。

　「山田」や「林ガイド」と呼ばれたあなたは、最初は違和感があるかもしれないが、呼ばれているうちにきっと親近感に変わるだろう。

第 3 課　食事案内

単語帳 ピンインを本文から探して ＿＿＿＿ に書き込みなさい。　🎧 26

1 生鱼 ＿＿＿＿＿：刺身

2 烤 ＿＿＿＿＿：焼く

3 炸大虾 ＿＿＿＿＿：海老フライ

4 除了 ＿＿＿＿＿：除いて

5 还 ＿＿＿＿＿：さらに、ほかに

6 包括 ＿＿＿＿＿：含む

7 凉菜 ＿＿＿＿＿：サラダ

8 泡菜 ＿＿＿＿＿：漬物

9 汤菜 ＿＿＿＿＿：スープ

10 等 ＿＿＿＿＿：など

11 一样 ＿＿＿＿＿：同じ

12 选择 ＿＿＿＿＿：選ぶ、選択する

13 考虑 ＿＿＿＿＿：考える

14 首先 ＿＿＿＿＿：まずはじめに

15 朋友 ＿＿＿＿＿：お友達、方

16 举手 ＿＿＿＿＿：手をあげる

17 啤酒 ＿＿＿＿＿：ビール

18 但是 ＿＿＿＿＿：しかし、〜が

19 酒水 ＿＿＿＿＿：お酒類

20 要 ＿＿＿＿＿：しなければならない

21 另 ＿＿＿＿＿：別に

22 付钱 ＿＿＿＿＿：お金を支払う

■レストランで、山田さんはメニューを紹介し、注文を手伝います。

山田 今天 请 大家 品尝 海鲜 套餐。
Jīntiān qǐng dàjiā pǐncháng hǎixiān tàocān.

套餐 有 三种：生鱼 套餐、烤鱼 套餐、炸大虾 套餐。
Tàocān yǒu sānzhǒng: shēngyú tàocān、 kǎoyú tàocān、 zhádàxiā tàocān.

套餐 里 除了 主菜，还 包括 凉菜、泡菜、汤菜 等 副菜。
Tàocān li chúle zhǔcài, hái bāokuò liángcài、 pàocài、 tāngcài děng fùcài.

副菜 都 是 一样 的，请 选择 您 喜欢 的 主菜。
Fùcài dōu shì yíyàng de, qǐng xuǎnzé nín xǐhuan de zhǔcài.

大家 都 考虑 好了 吗？
Dàjiā dōu kǎolǜ hǎole ma?

首先，吃 生鱼 套餐 的 朋友 请 举手。好，三 位。
Shǒuxiān, chī shēngyú tàocān de péngyou qǐng jǔshǒu. Hǎo, sān wèi.

然后，吃 烤鱼 套餐 的 朋友，两 位。
Ránhòu, chī kǎoyú tàocān de péngyou, liǎng wèi.

最后，吃 炸大虾 套餐 的 朋友，三 位。
Zuìhòu, chī zhádàxiā tàocān de péngyou, sān wèi.

谷实 有 啤酒 吗？
Yǒu píjiǔ ma?

山田 有。但是 酒水 不 包括 在 旅游 费用 之内，要 另 付钱。
Yǒu. Dànshì jiǔshuǐ bù bāokuò zài lǚyóu fèiyòng zhīnèi, yào lìng fùqián.

一 "除了〜, 还……" 「〜のほか、さらに……」

① 大家 除了 想 去 东京, 还 想 去 大阪。
Dàjiā chúle xiǎng qù Dōngjīng, hái xiǎng qù Dàbǎn.

② 我们 除了 学习 英语, 还 学习 汉语。
Wǒmen chúle xuéxí Yīngyǔ, hái xuéxí Hànyǔ.

③ 他 除了 观光, 还 想 买 东西。
Tā chúle guānguāng, hái xiǎng mǎi dōngxi.

◆买东西：買い物する

二 順番を表す "首先、然后、最后" 「まずはじめに、それから、最後に」

① 首先, 我们 去 了 京都, 然后 去 了 奈良, 最后 去 了 北海道。
Shǒuxiān, wǒmen qù le Jīngdū, ránhòu qù le Nàiliáng, zuìhòu qù le Běihǎidào.

② A：首先 要 一个 套餐, 然后 要 一杯 咖啡。一共 多少钱？
Shǒuxiān yào yíge tàocān, ránhòu yào yìbēi kāfēi. Yígòng duōshaoqián?

◆一共：合わせて

B：一个 套餐 900 日元, 一杯 咖啡 300 日元, 一共 1200 日元。
Yíge tàocān jiǔbǎi Rìyuán, yìbēi kāfēi sānbǎi Rìyuán, yígòng yìqiān'èrbǎi Rìyuán.

③ 首先 请 听 问题, 然后 请 考虑 一下, 最后 请 回答 问题。
Shǒuxiān qǐng tīng wèntí, ránhòu qǐng kǎolǜ yíxià, zuìhòu qǐng huídá wèntí.

◆回答：答える

三 "V（動詞）+ 在〜" 「〜に V」 動詞の後ろの前置詞句

① 请 大家 坐 在 沙发 上 等 一下。
Qǐng dàjiā zuò zài shāfā shang děng yíxià.

◆沙发：ソファー

② 他 的 钱 都 用 在 旅游 上 了。
Tā de qián dōu yòng zài lǚyóu shang le.

③ 行李 请 放 在 车 里。
Xíngli qǐng fàng zài chē li.

◆放：置く

....

比較 次の二つの文の違いを考えてみましょう。

・他在沙发上跳。

◆跳：跳ぶ、跳ねる

・他跳在沙发上。

練習問題 A3

1 次の中国語のピンインを ［ ］ に書き、日本語の意味を （ ） に書きましょう。

① 包括 ［   ］（   ）
② 一样 ［   ］（   ）
③ 首先 ［   ］（   ）
④ 酒水 ［   ］（   ）
⑤ 但是 ［   ］（   ）
⑥ 付钱 ［   ］（   ）

2 日本語の意味になるように語句を並べ替えましょう。

1 主菜のほかに副菜も含まれています。

　　　　　　　　　　　　　副菜。
_____
　①主菜　　②包括　　③除了　　④还

2 皆さんお決めになりましたか。

　　大家　　　　　　　　　　吗？
_____
　①考虑　　②了　　③都　　④好

3 副菜はみな同じです。

　　副菜
_____
　①的　　②是　　③都　　④一样

3 日本語を中国語に訳しましょう。

1 お好きな主菜をお選びください。

_____

2 刺身定食（を食べる）の方は手を挙げてください。

_____

3 お酒類は旅行費用に含まれていません。

_____

1 音声を聞いて、声調記号をつけ、対応する漢字を（ ）に書きましょう。　🎧29

1 sheng yu
（　　　）

2 kao
（　　　）

3 hai
（　　　）

4 deng
（　　　）

5 xuan ze
（　　　）

6 kao lü
（　　　）

7 ju shou
（　　　）

8 yao
（　　　）

9 lin
（　　　）

2 中国語の質問を聞き、答えとして正しいものを選びましょう。　🎧30

1 A：套餐有几种？
　 B：
① 　　　　　　② 　　　　　　③ 　　　　　　④

2 A：套餐里有什么？
　 B：
① 　　　　　　② 　　　　　　③ 　　　　　　④

3 中国語の問いを書きとり、中国語で答えましょう。　🎧31

1 Q：_____
　 A：_____

2 Q：_____
　 A：_____

3 Q：_____
　 A：_____

◀◀◀ チャレンジシート3 ▶▶▶

あなたのおすすめ料理は何ですか。以下について中国語で言えることを確認し、その料理を説明するシーンを実際にやってみましょう。できれば動画に撮ってみましょう。

❶ 料理ジャンルの案内 _____

❷ 定食の種類の案内 _____

❸ 定食の内容の説明 _____

❹ 注文方法の説明 _____

❺ 順番に注文を取る _____

❻ 料金の案内 _____

❼ 注意事項の説明 _____

状況依存の日本語と文脈依存の中国語

　「行ってきます」、「いってらっしゃい」。日本人の家庭で出かける時によく交わされている会話である。誰がどこに行くのを言っていないのに、よく通じるねと中国人は不思議がる。しかも、「行ってきます」というのも分からない。「行く」と「来る」は正反対の動きだし、この人は一体どうしたいんだろうと。

　中国語はこの辺をはっきりさせている。例えば朝、子供が学校に行くシーン、「妈，我去上学了」（母さん、私は学校に行きます）と言い、母親は「去吧，放了学你早点儿回家啊」（行きなさい、学校が終わったらあなたは早く家に帰るのよ）と言うのが一般的。

　日本人からすると、これくらいのことは状況で分かるので、敢えて言葉にする必要はない。日本語はこの状況依存心理から、状況で分かる主語や関係節、動詞なども省いている。例えば「五十歩百歩」、そもそも「五十歩」と「百歩」の間にあった動詞を省いている。これを補ってみようと日本人の学生に言うと、「歩く」、「走る」、「同じ」、「違う」など色々な答えが出た。正解は五十歩を逃げた兵士が百歩を逃げた兵士を「笑う」である。人が違えば補う語彙も違う、中国語はこの現象を防ぐために普段から文脈に依存している。

　この、言語習慣の違いを理解すれば、日中間のコミュニケーションもうまくいくだろう。

第 **4** 課　観光案内

単語帳　ピンインを本文から探して ＿＿＿＿ に書き込みなさい。　🎧 32

1 就是 ＿＿＿＿＿＿：〜が…である

2 建筑 ＿＿＿＿＿＿：建築

3 楼 ＿＿＿＿＿＿：建物の階

4 设有 ＿＿＿＿＿＿：設けてある

5 体验区 ＿＿＿＿＿＿：体験エリア

6 可以 ＿＿＿＿＿＿：できる

7 穿上 ＿＿＿＿＿＿：着る

8 时代 ＿＿＿＿＿＿：時代

9 街道 ＿＿＿＿＿＿：大通り

10 一些 ＿＿＿＿＿＿：いくつか

11 展品 ＿＿＿＿＿＿：展示物

12 拍照 ＿＿＿＿＿＿：写真を撮る

13 能 ＿＿＿＿＿＿：できる

14 帮 ＿＿＿＿＿＿：手伝う、助ける

15 茄子 ＿＿＿＿＿＿：（撮影時の）チーズ

16 说起 ＿＿＿＿＿＿：〜について言えば

17 会 ＿＿＿＿＿＿：〜するであろう

18 想起 ＿＿＿＿＿＿：思い出す

19 故居 ＿＿＿＿＿＿：旧居

20 了解 ＿＿＿＿＿＿：理解する

山田 这 就 是 小仓城，是 日本 特有 的 天守 建筑。
Zhè jiù shì Xiǎocāngchéng, shì Rìběn tèyǒu de tiānshǒu jiànzhù.

有 四百 多 年 历史 了。是 历史 文化 名城。
Yǒu sìbǎi duō nián lìshǐ le. Shì lìshǐ wénhuà míngchéng.

城里 有 中文 说明。一楼 还 设有 体验 区，
Chēngli yǒu Zhōngwén shuōmíng. Yīlóu hái shèyǒu tǐyàn qū,

您 可以 穿上 江户 时代 的 服装 在 江户 的 街道 上
Nín kěyǐ chuānshang Jiānghù shídài de fúzhuāng zài Jiānghù de jiēdào shang

散步。
sànbù.

但是 请 注意，里面 有 一些 展品 不 可以 拍照。
Dànshì qǐng zhùyì, lǐmian yǒu yìxiē zhǎnpǐn bù kěyǐ pāizhào.

尤华 山田，你 能 帮 我 在 小仓城 前 拍照 吗？
Shāntián, nǐ néng bāng wǒ zài Xiǎocāngchéng qián pāizhào ma?

山田 好的。1、2、3，茄子。
Hǎode. Yī、 èr、 sān, qiézi.

■小倉城を案内したあと、次のスポットへ移動します。

山田 说起 日本 电影，很多 中国 朋友 都 会 想起《砂器》。
Shuōqǐ Rìběn diànyǐng, hěnduō Zhōngguó péngyou dōu huì xiǎngqǐ 《Shāqì》.

《砂器》是 日本 著名 作家 松本 清张 写 的。
《Shāqì》 shì Rìběn zhùmíng zuòjiā Sōngběn Qīngzhāng xiě de.

下面，我们 去 松本 清张 的 故居，了解 一下 他 的 一生。
Xiàmian, wǒmen qù Sōngběn Qīngzhāng de gùjū, liǎojiě yíxià tā de yìshēng.

一 助動詞 " 可以 "、 " 能 "、 " 会 " ＋ Ｖ（動詞）「Ｖ てよい、Ｖ できる、Ｖ だろう」

① 这里 不 可以 拍照。
　Zhèli　bù　kěyǐ　pāizhào.

② 他 不 能 喝 酒。
　Tā　bù　néng　hē　jiǔ.

③ 明天 不 会 下 雨。　　　　　　　　　　　◆ 下雨：雨が降る
　Míngtiān　bú　huì　xià　yǔ.

二 " 虽然～， 但是…… " 「～ではあるが、しかし……」

① 虽然 可以 喝 啤酒，但是 要 另 付钱。
　Suīrán　kěyǐ　hē　píjiǔ,　dànshì　yào　lìng　fùqián.

② 里面 虽然 可以 参观，但是 不 可以 拍照。　　◆ 里面：中
　Lǐmian　suīrán　kěyǐ　cānguān,　dànshì　bù　kěyǐ　pāizhào.

③ 他 虽然 有 钱，但是 没有 时间，不能 去 旅游。
　Tā　suīrán　yǒu　qián,　dànshì　méiyǒu　shíjiān,　bùnéng　qù　lǚyóu.

三 " 是～的 "「～のです」

すでに起こったことの動作主、時間、場所、方法、手段、目的などを強調する。
" 是 " は肯定の時省略できるが、否定の時は必要。

① 我们 是 昨天 来 的。
　Wǒmen　shì　zuótiān　lái　de.

② 是 妈妈 买 的 相机，不是 爸爸 买 的。　　◆ 相机：カメラ
　Shì　māma　mǎi　de　xiàngjī,　búshì　bàba　mǎi　de.

③ 他们 是 在 哪儿 吃 的 午餐？
　Tāmen　shì　zài　nǎr　chī　de　wǔcān?

1 次の中国語のピンインを ［ ］ に書き、日本語の意味を （ ） に書きましょう。

① 就是 ［　　　　　　　　］ （　　　　　　　　　　　）

② 穿上 ［　　　　　　　　］ （　　　　　　　　　　　）

③ 一些 ［　　　　　　　　］ （　　　　　　　　　　　）

④ 拍照 ［　　　　　　　　］ （　　　　　　　　　　　）

⑤ 想起 ［　　　　　　　　］ （　　　　　　　　　　　）

⑥ 了解 ［　　　　　　　　］ （　　　　　　　　　　　）

2 日本語の意味になるように語句を並べ替えましょう。

1 一階には体験エリアが設けられています。

――――――――――――――――――――――――――――――

① 体験区　　　② 设有　　　③ 一楼　　　④ 还

2 写真を撮ってもらえませんか。

你 ＿＿＿＿＿＿＿＿＿＿＿＿＿＿ 吗？

① 我　　　② 拍照　　　③ 帮　　　④ 能

3 『砂の器』は松本清張が書いたものです。

《砂器》＿＿＿＿＿＿＿＿＿＿＿＿＿＿＿

① 松本清张　　　② 写　　　③ 的　　　④是

3 日本語を中国語に訳しましょう。

1 江戸時代の衣装を身につけて、江戸の大通りで散歩することができます。

――――――――――――――――――――――――――――――

2 いいですよ。1、2、3、チーズ。

――――――――――――――――――――――――――――――

3 中に撮影不可の展示品がいくつかあります。

――――――――――――――――――――――――――――――

1 音声を聞いて、声調記号をつけ、対応する漢字を（　）に書きましょう。 🎧 35

1 jian zhu
（　　　　）

2 lou
（　　　　）

3 she you
（　　　　）

4 ke yi
（　　　　）

5 zhan pin
（　　　　）

6 neng
（　　　　）

7 bang
（　　　　）

8 qie zi
（　　　　）

9 hui
（　　　　）

2 中国語の質問を聞き、答えとして正しいものを選びましょう。 🎧 36

1 A：这里有多少年历史？

B：

① 　　　　　② 　　　　　③ 　　　　　④

2 A：里面可以拍照吗？

B：

① 　　　　　② 　　　　　③ 　　　　　④

3 中国語の問いを書きとり、中国語で答えましょう。 🎧 37

1 Q : _____

A : _____

2 Q : _____

A : _____

3 Q : _____

A : _____

あなたのおすすめの観光スポットはどこですか。以下について中国語で言えることを確認し、そこを案内するシーンを実際にやってみましょう、できれば動画に撮ってみましょう。

❶ 観光スポット名の案内 _____

❷ 特色の案内 _____

❸ 歴史の案内 _____

❹ 楽しみ方の案内 _____

❺ 注意事項の説明 _____

❻ 撮影の手伝い _____

❼ 次のスポットへ案内 _____

返事のコツ

　　日本語の「はい」は、色々な場面で重宝する言葉である。「あなたが私たちのガイドさんですか」、「お手洗いに行ってきます」、「ちょっと手伝ってもらえますか」、「一緒に写真を撮りましょう」、「中国のお菓子はお好きですか」、「あなたは中国に行ったことがありますか」、「お寿司はおいしいですね」などのかけ言葉に、みな「はい」で返事することができる。

　　中国語にはこのような広範囲に使える返事の言葉はないが、中国語はオウム返しを好む言語であるので、動詞や形容詞をオウム返しすることで返事になる。上の日本語の会話を中国語に訳すとこのようになる：「你是我们的导游吗？」「是」、「我去一下洗手间」「你去吧」、「你能帮我一下吗？」「我能」、「我们合一个影吧」「合一个」、「中国的点心，你喜欢吗？」「喜欢」、「你去过中国吗？」「去过」、「寿司真好吃啊！」「好吃吧！」など。

　　日本語で「はい」と返事する時も、中国語でオウム返しする時も、もう一つ重要なのは笑顔だ。同じ返事でも不機嫌そうな顔で言うと、違う意味に取られることもよくある。笑顔は返事の半分を担っていると言っても過言ではない。

第5課 宿泊

単語帳 | ピンインを本文から探して _____ に書き込みなさい。　🎧 38

1 办 _____ :（手続きなど）をする		**12** 免费 _____ :無料
2 住宿登记 _____ :チェックイン		**13** 叫早 _____ :モーニングコール
3 护照 _____ :パスポート		**14** 餐厅 _____ :レストラン
4 ～和…… _____ :～と……		**15** 准时 _____ :時間どおりに
5 房间 _____ :部屋		**16** 出发 _____ :出発する
6 钥匙 _____ :かぎ、キー		**17** 累 _____ :疲れる
7 早餐券儿 _____ :朝食券		**18** 急事 _____ :急用
8 连接 _____ :つなぐ		**19** 手机 _____ :携帯電話
9 拨 _____ :ダイヤルをまわす		**20** 告辞 _____ :おいとまする
10 茶叶 _____ :茶葉		**21** 晚安 _____ :おやすみなさい
11 饮料 _____ :飲み物		

36

■バスがホテルに到着しました。

山田 饭店 到 了，请 大家 拿 好 自己 的 行李 下车。
Fàndiàn dào le, qǐng dàjiā ná hǎo zìjǐ de xíngli xiàchē.

■ホテルのロビーで

山田 请 坐在 沙发上 等 一下，我 去 办 住宿登记，请 把 护照
Qǐng zuòzài shāfāshang děng yíxià, wǒ qù bàn zhùsù dēngjì, qǐng bǎ hùzhào

给 我。
gěi wǒ.

■チェックインの手続きを終え、パスポートを返却し、部屋のキーを渡します。

山田 登记 办好 了，把 护照、房间 钥匙 和 早餐券儿 给 大家。
Dēngjì bànhǎo le, bǎ hùzhào、fángjiān yàoshi hé zǎocānquànr gěi dàjiā.

房间里 可以 连接 Wi-Fi。房间 之间 打 电话 请 拨 房间号。
Fángjiānli kěyǐ liánjiē Wi-Fi. Fángjiān zhījiān dǎ diànhuà qǐng bō fángjiānhào.

房间 里 的 茶叶 是 免费 的，冰箱 里 的 饮料 要 付钱。
Fángjiān li de cháyè shì miǎnfèi de, bīngxiāng li de yǐnliào yào fùqián.

早餐 时间 是 七点 到 十点，餐厅 在 二楼。
Zǎocān shíjiān shì qīdiǎn dào shídiǎn, cāntīng zài èrlóu.

明天 我们 去 八坂 神社 和 门司港 观光。
Míngtiān wǒmen qù Bābǎn shénshè hé Ménsīgǎng guānguāng.

早上 七点 叫早，九点 准时 出发，八点 五十 分 在 这里
Zǎoshang qīdiǎn jiàozǎo, jiǔdiǎn zhǔnshí chūfā, bā diǎn wǔshí fēn zài zhèli

集合。
jíhé.

今天 大家 都 很 累 了 吧，请 好好 休息。
Jīntiān dàjiā dōu hěn lèi le ba, qǐng hǎohāo xiūxi.

如果 有 急事，请 打 我 的 手机，那么 我 就 告辞 了。
Rúguǒ yǒu jíshì, qǐng dǎ wǒ de shǒujī, nàme wǒ jiù gàocí le.

晚安！
Wǎn'ān!

一 "把" 構文 "把＋w（特定物）＋V（動詞）＋α"「wをVする」

① 请 把 那个 饮料 给 我。
Qǐng bǎ nèige yǐnliào gěi wǒ.

② 我 把 他 的 生鱼套餐 吃 了。
Tā bǎ tā de shēngyútàocān chī le.

③ 你 把 行李 准备 好 了 吗？
Nǐ bǎ xíngli zhǔnbèi hǎo le ma?

二 "～和……"「～と……」名詞性の語句をつなぐ

① 我 喜欢 吃 烤鱼 和 炸大虾。
Wǒ xǐhuan chī kǎoyú hé zhádàxiā.

② 学习 很 重要，休息 和 运动 也 很 重要。
Xuéxí hěn zhòngyào, xiūxi hé yùndòng yě hěn zhòngyào.
◆ 运动：運動

③ 套餐 里 有 咖啡 和 甜点 吗？
Tàocān li yǒu kāfēi hé tiándiǎn ma?
◆ 甜点：デザート

注意！
他是歌手和是医师。(✘) ▶▶ 他是歌手又是医师。
生鱼套餐很好看和很好吃。(✘) ▶▶ 生鱼套餐很好看也很好吃。
◆ 好看：きれい

三 "如果～的话，就……"「もし～なら、それで……」

① 如果 有 钱 和 时间，他 就 去 旅游。
Rúguǒ yǒu qián hé shíjiān, tā jiù qù lǚyóu.

② 如果 有 什么 困难，请 跟 我 说。
Rúguǒ yǒu shénme kùnnan, qǐng gēn wǒ shuō.
◆ 困难：困ったこと

③ 如果 下 雨 的话，就 不 去 观光，去 买 东西。
Rúguǒ xià yǔ dehuà, jiù bú qù guānguāng, qù mǎi dōngxi.

1 次の中国語のピンインを [　] に書き、日本語の意味を （　） に書きましょう。

① 护照　[　　　　　　　　] （　　　　　　　　　）

② 连接　[　　　　　　　　] （　　　　　　　　　）

③ 免费　[　　　　　　　　] （　　　　　　　　　）

④ 叫早　[　　　　　　　　] （　　　　　　　　　）

⑤ 准时　[　　　　　　　　] （　　　　　　　　　）

⑥ 告辞　[　　　　　　　　] （　　　　　　　　　）

2 日本語の意味になるように語句を並べ替えましょう。

① 私の携帯電話にご連絡ください。

请_____

①我　　②的　　③打　　④手机

② パスポートを私にください。

请_____

①我　　②护照　　③把　　④给

③ それでは、私はこれで失礼します（おいとまします）。

那么，_____

①我　　②了　　③就　　④告辞

3 日本語を中国語に訳しましょう。

① ソファーにかけて少しお待ちください。

_____

② ご注意して頂きたいのは、冷蔵庫の中のお飲み物は有料です。

_____

③ 今日は皆さんお疲れ様でした、どうぞごゆっくり（よくよく）お休みください。

_____

1 音声を聞いて、声調記号をつけ、対応する漢字を（ ）に書きましょう。　🎧 41

1 ban
（　　　）

2 fang jian
（　　　　）

3 yao shi
（　　　　）

4 bo
（　　　）

5 yin liao
（　　　　）

6 zhun shi
（　　　　）

7 chu fa
（　　　　）

8 lei
（　　　　）

9 wan an
（　　　　）

2 中国語の質問を聞き、答えとして正しいものを選びましょう。　🎧 42

1 A：房间里可以连接 Wi-Fi 吗？
　　B：
　　① 　　　　　② 　　　　　③ 　　　　　④

2 A：明天早上几点出发？
　　B：
　　① 　　　　　② 　　　　　③ 　　　　　④

3 中国語の問いを書きとり、中国語で答えましょう。　🎧 43

1 Q：_____

　　A：_____

2 Q：_____

　　A：_____

3 Q：_____

　　A：_____

一日の観光は意外と疲れるものです、ホテルに宿泊するのを手伝いましょう。以下について中国語で言えることを確認し、ホテルのロビー（フロント）をイメージして「宿泊」のシーンを実際にやってみましょう。できれば動画に撮りましょう。

❶ ホテル到着を知らせる ＿＿＿＿＿＿＿＿＿＿＿＿＿＿＿＿＿＿＿＿＿＿＿

❷ 荷物の移動を指示 ＿＿＿＿＿＿＿＿＿＿＿＿＿＿＿＿＿＿＿＿＿＿＿

❸ 待機場所の指示 ＿＿＿＿＿＿＿＿＿＿＿＿＿＿＿＿＿＿＿＿＿＿＿

❹ パスポートを集める ＿＿＿＿＿＿＿＿＿＿＿＿＿＿＿＿＿＿＿＿＿＿＿

❺ 部屋使用方法の説明 ＿＿＿＿＿＿＿＿＿＿＿＿＿＿＿＿＿＿＿＿＿＿＿

❻ 朝食の説明 ＿＿＿＿＿＿＿＿＿＿＿＿＿＿＿＿＿＿＿＿＿＿＿＿＿＿

❼ 翌日の予定の説明 ＿＿＿＿＿＿＿＿＿＿＿＿＿＿＿＿＿＿＿＿＿＿＿

❽ 緊急連絡方法の説明 ＿＿＿＿＿＿＿＿＿＿＿＿＿＿＿＿＿＿＿＿＿＿＿

❾ おいとまのあいさつ ＿＿＿＿＿＿＿＿＿＿＿＿＿＿＿＿＿＿＿＿＿＿＿

縁起が大事

　「宿泊」は中国語で「住宿」と言う。「住」は「箸」と同音字で（zhù）と発音し、雨や風が止むという意味も持っている。昔は中国も「箸」を使っていた、しかし、帆船が出現してからは「箸」を使わなくなり、代わりに「筷」を使うようになった。

　どうしてだろう、答えは「箸」は縁起が悪いからだ。帆船は風力で進むので、その肝心な風が止み、小さな帆船が何日も海の如く広い長江や黄河のど真ん中に停まったら、当然そのうち食糧がなくなり、命の危機にさらされ、とても恐ろしい事態になる。言葉は言霊である。毎日食事するたびに（zhù）と言ったら、「風住」風が止んでしまう、順風満帆で快速で行ってほしいので、「筷」という字が作られた。

　日本にもこの類の例はたくさんあるだろう。「するめ」が「あたりめ」になったなど。人間にとって心理的なものはとても大きいので、くれぐれも縁起の悪い言葉を口から出さないように注意したい。

第6課　日本文化の紹介

単語帳　ピンインを本文から探して _____ に書き込みなさい。　🎧44

1 時候 _____ ：時、頃

2 过年 _____ ：正月を迎える

3 自己 _____ ：自分

4 厄运年 _____ ：厄年

5 借助 _____ ：助けを借りる

6 力量 _____ ：力

7 实现 _____ ：実現する

8 心愿 _____ ：願い

9 比如 _____ ：たとえば

10 满月 _____ ：生後満1カ月

11 参拜 _____ ：参拝する、詣でる

12 净身 _____ ：身を清める

13 献香资 _____ ：お賽銭をあげる

14 摇铃 _____ ：鈴を鳴らす

15 鞠躬 _____ ：お辞儀をする

16 祷告 _____ ：祈願する

17 护身符 _____ ：御守り

18 求签 _____ ：おみくじを引く

山田 这 就 是 日本 的 神社。
Zhè jiù shì Rìběn de shénshè.

尤华 日本人 什么 时候 来 神社？
Rìběnrén shénme shíhou lái shénshè?

山田 过年 的 时候、小 时候、自己 厄运年 的 时候，
Guònián de shíhou、 xiǎo shíhou、 zìjǐ èyùnnián de shíhou,

还有 想 借助 神 的 力量 实现 心愿 的 时候 等等。
háiyǒu xiǎng jièzhù shén de lìliang shíxiàn xīnyuàn de shíhou děngděng.

尤华 小 时候，是 几岁 的 时候？
Xiǎo shíhou, shì jǐsuì de shíhou?

山田 比如：满月 的 时候 啊，三岁、五岁、七岁 的 时候 啊。
Bǐrú: mǎnyuè de shíhou a, sānsuì、 wǔsuì、 qīsuì de shíhou a.

山田 参拜 前，请 净身。
Cānbài qián, qǐng jìngshēn.

参拜 时，先 献 香资，然后 摇 铃，鞠 两个 躬，
Cānbài shí, xiān xiàn xiāngzī, ránhòu yáo líng, jū liǎngge gōng,

再 拍 两下 手，祷告，最后 鞠 一个 躬。
zài pāi liǎng xià shǒu, dǎogào, zuìhòu jū yíge gōng.

山田 那边 有 护身符，还 可以 求签。
Nèibiān yǒu hùshēnfú, hái kěyǐ qiú qiān.

尤华 啊！我 的 是 大吉！你 的 呢？
Ā! Wǒ de shì dàjí! Nǐ de ne?

一 "时候"、"时"「～時」

① 你 小 时候 去 过 神社 吗？
Nǐ xiǎo shíhou qù guo shénshè ma?

② 你 有 困难 的 时候，大家 会 帮助 你。
Nǐ yǒu kùnnan de shíhou, dàjiā huì bāngzhù nǐ.

◆ 帮助：助ける

③ 吃 中国菜 时，他 喜欢 喝 乌龙茶。
Chī Zhōngguócài shí, tā xǐhuan hē wūlóngchá.

◆ 乌龙茶：ウーロン茶

二 "～啊, ……啊"「～や、……や」

① 动漫 啊、卡拉 OK 啊，都是 外国人 非常 喜欢 的 日本文化。
Dòngmàn a、 kǎlā OK a, dōushì wàiguórén fēicháng xǐhuan de Rìběnwénhuà.

◆ 动漫：アニメ

② 他 想 买 的 东西 很 多，相机 啊、手机 啊 什么的。
Tā xiǎng mǎi de dōngxi hěn duō, xiàngjī a、 shǒujī a shénmede.

◆ 什么的：など

③ 日本 的 寿司 啊、天妇罗 啊、荞麦面 啊，都 很 有 特色。
Rìběn de shòusī a、 tiānfùluó a、 qiáomàimiàn a, dōu hěn yǒu tèsè.

◆ 天妇罗：天ぷら ◆ 荞麦面：そば

三 離合詞

① 他 鞠 了 两 个 躬，拍 了 两 下 手。
Tā jū le liǎng ge gōng, pāi le liǎng xià shǒu.

② 他 在 家 过 了 一 个 好 年。
Tā zài jiā guò le yíge hǎo nián.

③ 我 求 了 一 个 签，是 中吉。
Wǒ qiú le yíge qiān, shì zhōngjí.

❶ 次の中国語のピンインを [ ] に書き、日本語の意味を （ ） に書きましょう。

① 厄运年　[　　　　　　　] （　　　　　　　　　　）

② 满月　　[　　　　　　　] （　　　　　　　　　　）

③ 献香资　[　　　　　　　] （　　　　　　　　　　）

④ 鞠躬　　[　　　　　　　] （　　　　　　　　　　）

⑤ 护身符　[　　　　　　　] （　　　　　　　　　　）

⑥ 求签　　[　　　　　　　] （　　　　　　　　　　）

❷ 日本語の意味になるように語句を並べ替えましょう。

1 日本人はお正月を迎える時に神社に行きます。

　　　日本人 _____

　　①的　　②时候　　③过年　　④去神社

2 最後に一礼します。

　　_____

　　①鞠　　②躬　　③一个　　④最后

3 あちらでおみくじを引くこともできます。

　　_____

　　①还　　②那边　　③可以　　④求签

❸ 日本語を中国語に訳しましょう。

1 神様のお力を借りて願いを叶えます。

_____

2 先ずお賽銭をあげ、それから鈴を鳴らし、二礼して、さらに二拍手します。

_____

3 私が引いたおみくじは大吉です。

_____

1 音声を聞いて、声調記号をつけ、対応する漢字を （ ） に書きましょう。　🎧47

1 shi hou
（　　　　）

2 guo nian
（　　　　）

3 zi ji
（　　　　）

4 jie zhu
（　　　　）

5 li liang
（　　　　）

6 xin yuan
（　　　　）

7 can bai
（　　　　）

8 shi xian
（　　　　）

9 dao gao
（　　　　）

2 中国語の質問を聞き、答えとして正しいものを選びましょう。　🎧48

1 A：日本人什么时候去神社？

B：

① 　　　　　② 　　　　　③ 　　　　　④

2 A：可以求签吗？

B：

① 　　　　　② 　　　　　③ 　　　　　④

3 中国語の問いを書きとり、中国語で答えましょう。　🎧49

1 Q：_____

A：_____

2 Q：_____

A：_____

3 Q：_____

A：_____

◀◀◀ チャレンジシート6 ▶▶▶

あなたの「これが素晴らしい」、「これが面白い」と思っている日本或いは地域の文化や風習は何でしょうか。以下について中国語で言えることを確認し、それを紹介するシーンを実際にやってみましょう。できれば動画に撮ってみましょう。

❶ 観光スポットを案内 _____

❷ 風習を紹介 _____

❸ 文化について紹介 _____

❹ 参拝方法を説明 _____

❺ 記念品やおみやげを案内 _____

箸文化

　日本も中国も箸を使っている。日本の箸と中国の箸は形状において、3つの違いがあることに気付いただろうか。日本の箸は短い、ものをつかむ方は先端に行くほど細く、しかも、滑り止めが付いている。一方、中国の箸は長い、ものをつかむ方の先端は丸い平面があり、尖っておらず、しかも表面はツルツルだ。どうしてこのような違いがあるのだろう。

　これは食事の内容と食事を取る時の形式に深く関係している。日本人はよく魚を食べるので、魚の骨を取るのに先端が尖っていて滑り止めが付いている方が使いやすい。また、個食のため、食事から口までの距離は短く、箸が長いとかえって使いにくい。

　一方、中国人はよく肉を食べ、皆で一皿の料理を食べるのが一般的。出来立ての料理は円卓の真ん中に置き、皆一斉に取り掛かるため、箸が尖っていると危ない。当然、箸は長くないと届かない。つるつるにしているのは、食べ物をたくさん取らせないための工夫だ。美味しいものは皆平等に食べられるようにと。実は食卓を円形にするのもそのためだ、どこに座っても料理までの距離が同じである。

第7課 スケジュールの変更

単語帳 ピンインを本文から探して _____ に書き込みなさい。

1 呦 _____ ：あら、おや

2 挺 _____ ：かなり

3 严流岛 _____ ：厳流島

4 决斗 _____ ：決闘

5 地方 _____ ：場所、ところ

6 万一 _____ ：万が一

7 感冒 _____ ：風邪をひく

8 麻烦 _____ ：大変だ、面倒だ

9 欸 _____ ：ねえ

10 对了 _____ ：そうだ

11 刚才 _____ ：先ほど

12 永旺 _____ ：イオン

13 不如 _____ ：〜に及ばない

14 赞成 _____ ：賛成

15 越来越 _____ ：ますます

16 改 _____ ：変える

17 去不了 _____ ：行けない

18 没问题 _____ ：問題ない

■（天気が急変して、雨が降り出しました）

林希 呦，下雨 了！
Yōu, xià yǔ le!

李娜 下得 挺 大！下午 我们 去 哪儿？
Xiàde tǐng dà! Xiàwǔ wǒmen qù nǎr?

山田 去 严流岛。日本 武士 武藏 和 小次郎 决斗 的 地方。
Qù Yánliú dǎo. Rìběn wǔshì Wǔzàng hé Xiǎocìláng juédòu de dìfang.

李娜 在 大雨 里 观光，万一 感冒 就 麻烦 了。
Zài dàyǔ li guānguāng, wànyī gǎnmào jiù máfan le.

林希 欸，对了，刚才 我 看见 永旺 了，不如 我们 去 购物 吧。
Éi, duìle, gāngcái wǒ kànjiàn Yǒngwàng le, bùrú wǒmen qù gòuwù ba.

龙友 我们 赞成。
Wǒmen zànchéng.

李娜 山田，雨 越来越 大 了。下午 我们 改 去 永旺 吧？
Shāntián, yǔ yuèláiyuè dà le. Xiàwǔ wǒmen gǎi qù Yǒngwàng ba?

山田 那 严流岛 就 去不了 了，可以 吗？
Nà Yánliú dǎo jiù qùbuliǎo le, kěyǐ ma?

林希 可以，没 问题，我们 都 赞成。
Kěyǐ, méi wèntí, wǒmen dōu zànchéng.

山田 那 好 吧。
Nà hǎo ba.

一 様態補語 "V（動詞）＋ 得 ＋ 評価" 「V のが（評価）だ」

① 雨 下 得 非常 大。
Yǔ　xià　de　fēicháng　dà.

② 山田 说 汉语 说 得 怎么样？
Shāntián　shuō　Hànyǔ　shuō　de　zěnmeyàng?

③ 我们 玩儿 得 很 开心。　　　　　　　　　◆ 开心：楽しい
Wǒmen　wánr　de　hěn　kāixīn.

二 "不如～" 「～の方がよい、～に及ばない」

① 今天 太 晚 了，不如 明天 去 吧。
Jīntiān　tài　wǎn　le,　bùrú　míngtiān　qù　ba.

② 美国 比 日本 远 得 多，去 美国 不如 去 日本。
Měiguó　bǐ　Rìběn　yuǎn　de　duō,　qù　Měiguó　bùrú　qù　Rìběn.

③ 买 相机 不如 买 手机，手机 功能 多。
Mǎi　xiàngjī　bùrú　mǎi　shǒujī,　shǒujī　gōngnéng　duō.

三 可能補語 "V（動詞）＋ 得了 / 不了" 「V できる / できない」

① 雨 这么 大，你 来得了 吗？
Yǔ　zhème　dà,　nǐ　láideliǎo　ma?

② 来得了 就 来，来不了 也 没关系。
Láideliǎo　jiù　lái,　láibuliǎo　yě　méiguānxi.

③ 菜 太 多 了，我 吃不了。
Cài　tài　duō　le,　wǒ　chībuliǎo.

1 次の中国語のピンインを [　] に書き、日本語の意味を（　）に書きましょう。

① 決斗　　[　　　　　　　　　]（　　　　　　　　　　）
② 刚才　　[　　　　　　　　　]（　　　　　　　　　　）
③ 永旺　　[　　　　　　　　　]（　　　　　　　　　　）
④ 越来越　[　　　　　　　　　]（　　　　　　　　　　）
⑤ 去不了　[　　　　　　　　　]（　　　　　　　　　　）
⑥ 没问题　[　　　　　　　　　]（　　　　　　　　　　）

2 日本語の意味になるように語句を並べ替えましょう。

1 雨がかなりつよく降っています。

――――――――――――――――――――――――――――――――

　① 下得　　② 雨　　③ 大　　④ 挺

2 万が一風邪を引いたら大変です。

　　万一

　① 就　　② 麻烦　　③ 感冒　　④ 了

3 私たちは予定を変更してイオンに行きましょう。

　　　　　　　　　　　　　　　　吧。

　① 我们　　② 去　　③ 改　　④ 永旺

3 日本語を中国語に訳しましょう。

1 私たちはショッピングに行った方がよくないですか。

――――――――――――――――――――――――――――――――

2 イオンには行けなくなりました。

――――――――――――――――――――――――――――――――

3 大丈夫です、問題ありません。

――――――――――――――――――――――――――――――――

練習問題 B7

1 音声を聞いて、声調記号をつけ、対応する漢字を（ ）に書きましょう。 🎧 53

1 ting
（　　　）

2 di fang
（　　　　　）

3 wan yi
（　　　　　）

4 gan mao
（　　　　）

5 ma fan
（　　　　）

6 dui le
（　　　　）

7 bu ru
（　　　）

8 zan cheng
（　　　　　）

9 gai
（　　　　）

2 中国語の質問を聞き、答えとして正しいものを選びましょう。 🎧 54

1 A：严流岛是什么地方？

B：

① ② ③ ④

2 A：北海道去不了了，可以吗？

B：

① ② ③ ④

3 中国語の問いを書きとり、中国語で答えましょう。 🎧 55

1 Q：＿＿＿＿＿＿＿＿＿＿＿＿＿＿＿＿＿＿＿＿＿＿＿＿＿＿＿

A：＿＿＿＿＿＿＿＿＿＿＿＿＿＿＿＿＿＿＿＿＿＿＿＿＿＿＿

2 Q：＿＿＿＿＿＿＿＿＿＿＿＿＿＿＿＿＿＿＿＿＿＿＿＿＿＿＿

A：＿＿＿＿＿＿＿＿＿＿＿＿＿＿＿＿＿＿＿＿＿＿＿＿＿＿＿

3 Q：＿＿＿＿＿＿＿＿＿＿＿＿＿＿＿＿＿＿＿＿＿＿＿＿＿＿＿

A：＿＿＿＿＿＿＿＿＿＿＿＿＿＿＿＿＿＿＿＿＿＿＿＿＿＿＿

予想外の事態が発生した場合、あなたは落ち着いて対応できますか。予想外の事態を想定し、以下について中国語で言えることを確認し、そのシーンを実際にやってみましょう、できれば動画に撮ってみましょう。

❶ 予想外の事態の発生 _____

❷ 状況を分析 _____

❸ 新たに提案する _____

❹ 予定変更の説明 _____

❺ 全員の意思を確認 _____

六 ▶ 7

片手で数字を表す

　日本人も中国人もよく手で数字を表す。1～5はほぼ同じだが、6～10は全く違う。日本人は両手を使うのに対し、中国人は片手で表す。

　さあ、右手を出してやってみよう。6は真ん中の3本を握り、親指と小指を伸ばす。手の甲が大きな点になり、「六」の形が見えてくる。7は薬指、小指を握り、他の3本でつまむ動作をする。その3本の指で造られた形を真正面から見ると、人差し指と中指の指先と立てた親指の側面で見事な「7」の形になっている。8は親指と人差し指を伸ばし、後ろの3本の指を握る。「八」の形になっている。9はまず軽くグーを握り、人差し指を立て、第1と第2関節を曲げれば、「9」の形が見えてくる。10はしっかりとグーを握る。その形は石に似ている。「10」と「石」は同音字である。

　つまり、6と8は漢数字利用、7と9はアラビア数字利用、10は同音字利用ということだ。東西交流の素晴らしい結晶の一つと言えよう。

　この片手で数字を表す方法は遥か後漢時代にシルクロード貿易の中で、値段交渉の方法として生まれたという。取引したい相手と、互いに無理のない値段で取引し、しかも他者から値段に関する文句を言われないよう、声を使わず、商人の長い袖の中で手によって値段の交渉が行われていた。この時は両手ではどんなに不便か容易に想像できる。

　今でもこの片手で数字を表す方法は、遠くて声が良く聞こえない、聞き間違いを防ぐなどの時にしっかり役立っている。日本の市場では魚のセリに使われている。

八 _____ ▶ 9

ショッピング

単語帳 ピンインを本文から探して ＿＿＿＿ に書き込みなさい。　🎧 56

1 应～要求 ＿＿＿＿：要望に応じて	**11** 自由活动 ＿＿＿＿：自由行動
2 帯 ＿＿＿＿：引き連れる	**12** 懂 ＿＿＿＿：分かる
3 电机 ＿＿＿＿：電機	**13** 看上去 ＿＿＿＿：見たところ
4 不但 ＿＿＿＿：ばかりではなく	**14** 为什么 ＿＿＿＿：なぜ、どうして
5 而且 ＿＿＿＿：しかも	**15** 比 ＿＿＿＿：～より
6 价格 ＿＿＿＿：価格	**16** 贵 ＿＿＿＿：値段が高い
7 便宜 ＿＿＿＿：安い	**17** 没有 ＿＿＿＿：ほど～ない
8 时间 ＿＿＿＿：時間	**18** 功能 ＿＿＿＿：機能
9 ～个小时 ＿＿＿＿：～時間	**19** 是这样 ＿＿＿＿：なるほど
10 门口 ＿＿＿＿：出入り口	**20** 还是 ＿＿＿＿：やはり

■ （お客さんの要望に応じて、山田さんはイオンの次に BEST 電機を案内します。）

山田 应 大家 的 要求，下面 带 大家 去 BEST 电机。
Yìng dàjiā de yāoqiú, xiàmian dài dàjiā qù BEST diànjī.

我 也 很 喜欢 BEST 电机。
Wǒ yě hěn xǐhuan BEST diànjī.

这里 的 商品 不但 种类 多，而且 价格 便宜。
Zhèli de shāngpǐn búdàn zhǒnglèi duō, érqiě jiàgé piányi.

购物 时间 是 一个 半 小时。五点 在 门口 集合。
Gòuwù shíjiān shì yíge bàn xiǎoshí. Wǔdiǎn zài ménkǒu jíhé.

好，那么 就 请 自由 活动。
Hǎo, nàme jiù qǐng zìyóu huódòng.

尤华 山田，我 想 买 相机，你 能 帮 我 吗？
Shāntián, Wǒ xiǎng mǎi xiàngjī, nǐ néng bāng wǒ ma?

山田 我 也 不 太 懂。我 帮 您 看看 说明 吧。
Wǒ yě bú tài dǒng. Wǒ bāng nín kànkan shuōmíng ba.

尤华 看上去 这个 跟 那个 一样，为什么 这个 比 那个 贵 呢？
Kànshàngqu zhèige gēn nèige yíyàng, wèishénme zhèige bǐ nèige guì ne?

山田 那个 没有 这个 功能 多。
Nèige méiyǒu zhèige gōngnéng duō.

尤华 是这样，那 我 还是 买 这个 功能 多 的 吧。谢谢 你。
Shìzhèyàng, nà wǒ háishi mǎi zhèige gōngnéng duō de ba. Xièxie nǐ.

一 "不但～，而且……"「～だけでなく、その上……」

① 这里 的 衣服 不但 好看，而且 料子 也 很 好。
Zhèli de yīfū búdàn hǎokàn, érqiě liàozi yě hěn hǎo.
　　　　　　　　　　　　　　　　　　◆料子：生地

② 他们 俩 不但 会 说 英语，而且 会 说 汉语。
Tāmen liǎ búdàn huì shuō Yīngyǔ, érqiě huì shuō Hànyǔ.
　　　　　　　　　　　　　　　　　　◆俩：二人

③ 我们 俩 不但 爱好 相似，而且 想法 也 相似。
Wǒmen liǎ búdàn àihào xiāngsì, érqiě xiǎngfǎ yě xiāngsì.
　　　　　　　　　　　　　　　　　　◆相似：似ている
　　　　　　　　　　　　　　　　　　◆想法：考え方

二 "V（感覚動詞）＋上去"「V たところ」V による推定

① 这个 菜 看 上去 很 好吃。
Zhèige cài kàn shàngqu hěn hǎochī.

② 这个 歌 听 上去 好像 是 日本歌。
Zhèige gē tīng shàngqu hǎoxiàng shì Rìběngē.
　　　　　　　　　　　　　　　　　　◆好像：まるで～のようだ

③ 他 看 上去 三十 岁 左右。
Tā kàn shàngqu sānshí suì zuǒyòu.
　　　　　　　　　　　　　　　　　　◆岁：歳

三 比較文３タイプ

a＋比＋b＋K（形容詞）＋〔差量〕　aはbよりK＋［差量］　　　＊〔　〕があるとは限らない

① 我 比 他 大［一 岁］。
Wǒ bǐ tā dà [yí suì].

b＋没有＋a＋K（形容詞）　bはaほどKではない

② 他 没有 我 大。
Tā méiyǒu wǒ dà.

a＋跟＋c 一样＋K（形容詞）　aはcと同じくらいK

③ 他 跟 我 妹妹 一样 大。
Tā gēn wǒ mèimei yíyàng dà.

1 次の中国語のピインを [ ] に書き、日本語の意味を （ ）に書きましょう。

① 不但　　[　　　　　　　　] （ 　　　　　　　　　 ）
② 看上去　[　　　　　　　　] （ 　　　　　　　　　 ）
③ 为什么　[　　　　　　　　] （ 　　　　　　　　　 ）
④ 没有　　[　　　　　　　　] （ 　　　　　　　　　 ）
⑤ 是这样　[　　　　　　　　] （ 　　　　　　　　　 ）
⑥ 还是　　[　　　　　　　　] （ 　　　　　　　　　 ）

2 日本語の意味になるように語句を並べ替えましょう。

1 それでは自由行動をしてください。

_____

　①请　　　②就　　　③那么　　　④自由活动

2 あれはこれほど機能が多くないです。

　　那个
_____
　①这个　　②功能　　③多　　　④没有

3 私もあまりよくわかりません。

　　我
_____
　①也　　　②懂　　　③太　　　④不

3 日本語を中国語に訳しましょう。

1 ここの商品は種類が多いだけではなく、しかも値段が安い。

_____

2 見たところこれとあれは同じです。

_____

3 私はやはりこの機能の多いのを買います。

_____

❶ 音声を聞いて、声調記号をつけ、対応する漢字を（　）に書きましょう。　🎧59

❶ dai
（　　　）

❷ er qie
（　　　　）

❸ jia ge
（　　　　）

❹ pian yi
（　　　）

❺ men kou
（　　　）

❻ dong
（　　　）

❼ bi
（　　　）

❽ gui
（　　　）

❾ gong neng
（　　　）

❷ 中国語の質問を聞き、答えとして正しいものを選びましょう。　🎧60

1 A：你能帮我看看说明吗？

　　B：

　　① 　　　　　② 　　　　　③ 　　　　　④

2 A：为什么这个比那个贵呢？

　　B：

　　① 　　　　　② 　　　　　③ 　　　　　④

❸ 中国語の問いを書きとり、中国語で答えましょう。　🎧61

1 Q：_____

　　A：_____

2 Q：_____

　　A：_____

3 Q：_____

　　A：_____

「〜に行って……したい」と要望されると、せっかくですので、できる範囲で満足させたいものです。以下について中国語で言えることを確認し、そのシーンを実際にやってみましょう、できれば動画に撮ってみましょう。

❶ 要望に応じての行動 ＿＿＿＿＿＿＿＿＿＿＿＿＿＿＿＿＿＿＿＿＿＿＿＿＿

❷ メリットを紹介 ＿＿＿＿＿＿＿＿＿＿＿＿＿＿＿＿＿＿＿＿＿＿＿＿＿＿＿

❸ 時間について説明 ＿＿＿＿＿＿＿＿＿＿＿＿＿＿＿＿＿＿＿＿＿＿＿＿＿

❹ 集合時間・場所を指定 ＿＿＿＿＿＿＿＿＿＿＿＿＿＿＿＿＿＿＿＿＿＿＿

❺ 自由行動を指示 ＿＿＿＿＿＿＿＿＿＿＿＿＿＿＿＿＿＿＿＿＿＿＿＿＿＿

❻ 手伝える範囲を説明 ＿＿＿＿＿＿＿＿＿＿＿＿＿＿＿＿＿＿＿＿＿＿＿＿

外来語

　　外国の語彙をどのように取り入れるか、中国語は「信・達・雅」（元の意味を忠実に、気持ちをうまく、上品なことばで表現する）を目標に5つの方法で工夫している。音訳、意訳、音訳＋意訳、音訳兼意訳、そのまま使用である。これらそれぞれの傑作を見てみよう。

　　まずは「高尔夫」（gao er fu）、ゴルフの音訳である。漢字の意味に関係なく、発音を借りているだけだが、この三つの漢字は人に上品で「雅」な感じを与える。それから「南天群星」、サザンオールスターズの意訳である。元の意味を忠実に訳していて、しかもとても格好いい。次は「星巴克」、スターバックスの訳語である。スターを「星」に意訳し、バックスを「巴克」（ba ke）に音訳している、「音訳＋意訳」の方法だ。

　　5つの方法の中で最も難しいのは音訳兼意訳である。発音も意味もなるほどと人を納得させなければならない。例えば：「润丝」（run si）リンスである。発音はとても似ている。「丝」はそもそも絹糸だが、女性の美しい黒髪を表現する時に「青丝」を使う、「润丝」はその美しい髪に潤いを与えるという意味である。「信・達・雅」すべてそろった素晴らしい訳語だ。もう一つ、造られた当時は「近年まれに見る傑作」と称賛された訳語がある、「活力门」（Huo li men）、「ホリエモン」の音訳であると同時に「ライブドア」の意訳にもなっている。実に巧妙だ。

　　一番簡単なのは「そのまま使用」である。この方法で最も多く中国語に取り入れたのは日本産の漢字二文字の語彙だ、「人気」や「達人」などその雅さに魅了され、中国で愛用されている。

クレジットカードで払う

単語帳 ピンインを本文から探して _____ に書き込みなさい。 🎧 62

1 用 _____ ：使う

2 银联卡 _____ ：銀聯カード

3 着呢 _____ ：〜ている

4 支付宝 _____ ：支払いアプリ

5 享受 _____ ：受ける

6 〜折 _____ ：〜掛けにする

7 优惠 _____ ：優遇

8 太好了 _____ ：やったー

9 输入 _____ ：入力する

10 密码 _____ ：暗証番号

11 签字 _____ ：サインする

12 而 _____ ：逆に〜である

13 重新 _____ ：改めて、もう一度

14 稍等 _____ ：ちょっと待つ

15 这回 _____ ：今度

16 应该 _____ ：〜のはずだ

17 再 _____ ：再び、もう一度

18 确认 _____ ：確認する

■ （レジで）

林希 山田，这里 可以 用 银联卡 吗？
Shāntián, zhèli kěyǐ yòng Yínlián kǎ ma?

山田 可以。这里 写 着 呢。支付宝 也 可以。
Kěyǐ. Zhèli xiě zhe ne. Zhīfùbǎo yě kěyǐ.

还 能 享受 9 折 优惠 呢。
Hái néng xiǎngshòu jiǔ zhé yōuhuì ne.

林希 太 好 了！
Tài hǎo le!

女店员 请 您 输入 密码。请 在 这里 签字。
Qǐng nín shūrù mìmǎ. Qǐng zài zhèli qiānzì.

■ （林さんは携帯電話で支払い状況を確認する）

林希 山田，她 用 的 不是 银联，而是 VISA，而且 没有 优惠。
Shāntián, Tā yòng de búshì Yínlián, érshì VISA, érqiě méiyǒu yōuhuì.

山田 是吗？ 我 帮 您 问问。
Shìma? Wǒ bāng nín wènwen.

女店员 对不起，我们 重新 输入，请 稍等。
Duìbuqǐ, wǒmen chóngxīn shūrù, qǐng shāoděng.

山田 这回 应该 没有 问题 了。您 再 确认 一下。
Zhèihuí yīnggāi méiyǒu wèntí le. Nín zài quèrèn yíxià.

林希 没有 问题 了，谢谢 你！
Méiyǒu wèntí le, xièxie nǐ!

🎧 64

一 "V（動詞）＋着" 「V ている」状態の持続

① 外面 下着 大 雨。
　 Wàimian xiàzhe dà yǔ.

② 他 在 沙发 上 坐着 看书 呢。
　 Tā zài shāfā shang zuòzhe kàn shū ne.

③ 他 没 拿着 行李。
　 Tā méi názhe xíngli.

二 "不是～，而是……" 「～ではなく、……である」

① 他 不是 不 想 去 旅游，而是 没 有 时间。
　 Tā búshì bù xiǎng qù lǚyóu, érshì méi yǒu shíjiān.

② 他 吃 的 不是 生鱼 套餐，而是 烤鱼 套餐。
　 Tā chī de búshì shēngyú tàocān, érshì kǎoyú tàocān.

③ 啤酒 不是 我 要 的，而是 他 要 的。
　 Píjiǔ búshì wǒ yào de, érshì tā yào de.

三 "应该～" 「～のはずだ」

① 山田 应该 学过 汉语。
　 Shāntián yīnggāi xuéguo Hànyǔ.

② 他 应该 知道 五 点 在 门口 集合 吧？
　 Tā yīnggāi zhīdao wǔ diǎn zài ménkǒu jíhé ba?

③ 想 买 相机 的 应该 是 尤华，不 是 山田。
　 Xiǎng mǎi xiàngjī de yīnggāi shì Yóu Huá, bú shì Shāntián.

練習問題 A9

❶ 次の中国語のピンインを [ ] に書き、日本語の意味を（ ）に書きましょう。

① 银联卡　[　　　　　　　] （　　　　　　　　）
② 支付宝　[　　　　　　　] （　　　　　　　　）
③ 太好了　[　　　　　　　] （　　　　　　　　）
④ 密码　　[　　　　　　　] （　　　　　　　　）
⑤ 签字　　[　　　　　　　] （　　　　　　　　）
⑥ 重新　　[　　　　　　　] （　　　　　　　　）

❷ 日本語の意味になるように語句を並べ替えましょう。

１ ここは銀聯カードを使えますか。

吗？

———————————————————————————

① 可以　　② 这里　　③ 用　　④ 银联卡

２ 一割引きの優遇も受けられます。

———————————————————————————

① 享受　　② 能　　③ 优惠　　④ 九折

３ もう一度ご確認ください。

———————————————————————————

① 您　　② 一下　　③ 再　　④ 确认

❸ 日本語を中国語に訳しましょう。

１ ここに書いてありますよ。

———————————————————————————

２ 暗証番号をご入力ください。

———————————————————————————

３ 彼女が飲んだのはコーヒーではなく、ウーロン茶です。

———————————————————————————

❶ 音声を聞いて、声調記号をつけ、対応する漢字を（　）に書きましょう。　🎧65

❶ yong 　　　　**❷** zhe 　　　　**❸** you hui
（　　　）　　　　（　　　）　　　　（　　　）

❹ shu ru 　　　**❺** er 　　　　**❻** shao deng
（　　　）　　　　（　　　）　　　　（　　　）

❼ zhei hui 　　　**❽** ying gai 　　　**❾** que ren
（　　　）　　　　（　　　）　　　　（　　　）

❷ 中国語の質問を聞き、答えとして正しいものを選びましょう。　🎧66

1 A：用支付宝能享受优惠吗？
　　B：
　　① 　　　　　　② 　　　　　　③ 　　　　　　④

2 A：在哪里签字？
　　B：
　　① 　　　　　　② 　　　　　　③ 　　　　　　④

❸ 中国語の問いを書きとり、中国語で答えましょう。　🎧67

1 Q：_____

　　A：_____

2 Q：_____

　　A：_____

3 Q：_____

　　A：_____

あなたは買い物する時、何で支払っていますか。以下について中国語で言えることを確認し、現金以外の方法で支払うシーンを実際にやってみましょう、できれば動画に撮ってみましょう。間違っていないかを確認するのも忘れずに。

❶ 支払い方法を説明 ＿＿＿＿＿＿＿＿＿＿＿＿＿＿＿＿＿＿＿＿＿＿＿＿

❷ 優遇サービスを案内 ＿＿＿＿＿＿＿＿＿＿＿＿＿＿＿＿＿＿＿＿＿＿＿

❸ 支払い結果を確認 ＿＿＿＿＿＿＿＿＿＿＿＿＿＿＿＿＿＿＿＿＿＿＿＿

❹ 間違いへの対応 ＿＿＿＿＿＿＿＿＿＿＿＿＿＿＿＿＿＿＿＿＿＿＿＿＿

❺ 再度の確認を勧める ＿＿＿＿＿＿＿＿＿＿＿＿＿＿＿＿＿＿＿＿＿＿＿

中国にない値段

中国には250という値段の商品がない。250という数字には間抜け、あほう、うすのろなどの意味があり、嫌われているからだ。しかし、なぜ250が？

金や銀を貨幣として使っていた古代では500両は一封と数えていた。「金一封」という。250は半封である。「半封」は運悪いことに「半瘋」と同音で、「瘋」は「瘋癲」、精神状態が正常でない人や定まった仕事も持たず、ぶらぶらしている人を言う言葉である。250も瘋癲の半分、間抜け、あほう、うすのろになったわけなのだ。

山田洋次監督の人気シリーズ映画『男はつらいよ』の始めに、「私、生まれも育ちも葛飾柴又です…姓は車、名は寅次郎、人呼んでフーテンの寅と発します」という決め台詞がある。字幕は片仮名で書かれているが、漢字は他でもなく、「瘋癲」である。普通は封印される瘋癲だが、寅さんはその瘋癲さで一世を風靡した。

封印し続けるか、勇気をもって封印を解いてみるか、愛情の入れ次第で、状況がまるっきり違ってくる。人と同じでなくていい、あなたの個性によって救われるものもきっとある。2300年前の戦国時代から毛嫌いされてきた「半封」の250も可愛い商品の値段として脚光を浴びてほしい。

第10課 病気にかかる

単語帳 ピンインを本文から探して _____ に書き込みなさい。　　🎧68

1 有点儿 _____ ：少し、どうも

2 舒服 _____ ：気分、体調がよい

3 怎么了 _____ ：どうしました

4 头 _____ ：あたま

5 疼 _____ ：痛い、痛む

6 大概 _____ ：たぶん、おそらく

7 前天 _____ ：おととい

8 被 _____ ：〜に……される

9 淋 _____ ：ぬらす

10 从〜 _____ ：〜から

11 吃药 _____ ：薬を飲む

12 一点儿 _____ ：少し

13 量 _____ ：測る

14 发烧 _____ ：熱が出る

15 公司 _____ ：会社

16 联系 _____ ：連絡を取る

■ （観光の途中、顔色の悪い龙友が山田を呼び止めました。）

龙友 对不起，我 有点儿 不 舒服。
Duìbuqǐ, wǒ yǒudiǎnr bù shūfu.

山田 您 怎么 了？
Nín zěnme le?

龙友 我 头 疼。大概 是 前天 被 雨 淋 的。
Wǒ tóu téng. Dàgài shì qiántiān bèi yǔ lín de.

山田 从 什么 时候 开始 的？
Cóng shénme shíhou kāishǐ de?

龙友 今天 早上。中午 吃了 一点儿 感冒 药。
Jīntiān zǎoshang. Zhōngwǔ chīle yìdiǎnr gǎnmào yào.

山田 您 先 量 一下 体温 吧。
Nín xiān liáng yíxià tǐwēn ba.

龙友 38 度 5。
Sānshíbā dù wǔ.

山田 您 发烧了。要不要 去 医院？
Nín fāshāo le. Yàobuyào qù yīyuàn?

龙友 你 能 带 我 去 吗？
Nǐ néng dài wǒ qù ma?

山田 应该 没 问题，请 稍等，我 跟 公司 联系 一下。
Yīnggāi méi wèntí, qǐng shāoděng, wǒ gēn gōngsī liánxi yíxià.

一 "有点儿" 「少し、どうも」望ましくないことについて言うことが多い

① 这件 衣服 有点儿 大。
Zhèijiàn yīfu yǒudiǎnr dà.

② 今天 天气 有点儿 不好。
Jīntiān tiānqi yǒudiǎnr bùhǎo.

③ 我 有点儿 累。
Wǒ yǒudiǎnr lèi.

二 "怎么" 1 「なんで、どうして」原因・理由を聞く

① 你 怎么 不 高兴 了?
Nǐ zěnme bù gāoxing le?

② 他 怎么 一个人 走 了?
Tā zěnme yígerén zǒu le?

③ 大家 怎么 不 吃 饭 呢?
Dàjiā zěnme bù chī fàng ne?

三 "被" 構文 "a (受け手) + 被 + b (行為者) V (動詞) + α" 「a は b に / から V される / られる」

① 我 的 行李 被 别人 拿 去 了。
Wǒ de xíngli bèi biérén ná qù le.

◆ 别人:ほかの人

② 帽子 被 刮 走 了。
Màozi bèi guā zǒu le.

◆ 刮:(風が) 吹く

③ 他 的 鱼 被 小猫 吃 了。
Tā de yú bèi xiǎomāo chī le.

1 次の中国語のピンインを ［ ］に書き、日本語の意味を（ ）に書きましょう。

① 有点儿　　［　　　　　　　　］（　　　　　　　　　　　）
② 怎么了　　［　　　　　　　　］（　　　　　　　　　　　）
③ 吃药　　　［　　　　　　　　］（　　　　　　　　　　　）
④ 一点儿　　［　　　　　　　　］（　　　　　　　　　　　）
⑤ 发烧　　　［　　　　　　　　］（　　　　　　　　　　　）
⑥ 联系　　　［　　　　　　　　］（　　　　　　　　　　　）

2 日本語の意味になるように語句を並べ替えましょう。

1 私はどうも体調がわるいです。

───────────────────────────────
　① 不　　　② 舒服　　③ 我　　　④ 有点儿

2 彼は雨にぬれました。
　　他
───────────────────────────────
　① 雨　　　② 淋　　　③ 被　　　④ 了

3 私は会社に連絡してみます。
　　我
───────────────────────────────
　① 公司　　② 联系　　③ 跟　　　④ 一下

3 日本語を中国語に訳しましょう。

1 いつからですか。

───────────────────────────────

2 まずは体温を測りましょう。

───────────────────────────────

3 私は頭が痛くて、熱があります。

───────────────────────────────

1 音声を聞いて、声調記号をつけ、対応する漢字を（　）に書きましょう。　🎧 71

1 shu fu
（　　　）

2 tou
（　　　）

3 teng
（　　　）

4 da gai
（　　　）

5 qian tian
（　　　）

6 bei
（　　　）

7 lin
（　　　）

8 cong
（　　　）

9 liang
（　　　）

2 中国語の質問を聞き、答えとして正しいものを選びましょう。　🎧 72

1 A：您怎么了？
　B：
①　　　　　②　　　　　③　　　　　④

2 A：要不要去医院？
　B：
①　　　　　②　　　　　③　　　　　④

3 中国語の問いを書きとり、中国語で答えましょう。　🎧 73

1 Q：_____

　A：_____

2 Q：_____

　A：_____

3 Q：_____

　A：_____

旅先で気候風土になじめず、病気になることがあります。病状を述べたり、病人に対応したりすることはできますか。旅先でどんな病気にかかりやすいかを考え、以下について中国語で言えることを確認し、そのシーンを実際にやってみましょう。できれば動画に撮ってみましょう。

❶ 不調を訴える _____

❷ 病状を尋ねる _____

❸ 病状を述べる _____

❹ 発病の時間を聞く _____

❺ 体温を測る _____

❻ 治す方法を相談する _____

❼ 同行を求める _____

❽ 会社に連絡し許可を取る _____

気と心

　日本人は良く「気」を使う。中国人はよく「心」を使う。

　気を遣うは「費心」、気があるは「有心」、気をつけるは「小心」、気を回すは「多心」、気に掛けるは「関心」、気が早いは「心急」、気が付くは「細心」、気に入るは「称心」、気に食わないは「不称心」、気に留めるは「留心」、気がせくは「心焦」、気が小さいは「心眼儿小」、気がすむは「舒心」、気がすまないは「不甘心」、気を使うは「用心」、気になるは「担心」、気が若いは「心不老」、病は気からは「病打心上起」、などなどである。

　「わたし」と言いながら、手で自分を表す時は、指で鼻を指す人もいれば、手のひらを心臓に当てる人もいる。鼻は呼吸する器官で、体内と外界の「気」を出し入れする、人間が生きているからそれができる。心臓も同じ、生きているから動く。人間の生死を確認する時は、まず指をその人の鼻の下に当てる、呼吸していない時、中国語は「没気了」（気がなくなった）と言う。それから耳を胸に当て、心臓の動きを確かめる。動いていない時中国語では「心不跳了」と言う。気と心は最も緊密に連動していて、私たちの生命そのものである。

第11課 温泉案内

単語帳 ピンインを本文から探して _____ に書き込みなさい。 🎧74

1 为了 _____ :〜のために

2 缓解 _____ :緩和する

3 疲劳 _____ :つかれ、疲労

4 泡 _____ :つかる

5 浴池 _____ :風呂

6 桑拿 _____ :サウナ

7 精神焕发 _____ :生気はつらつ

8 锁 _____ :かぎをかける

9 衣物箱 _____ :ロッカー

10 需要 _____ :必要

11 硬币 _____ :コイン

12 退还 _____ :返却する

13 洗干净 _____ :きれいに洗う

14 身体 _____ :からだ

15 毛巾 _____ :タオル

16 放进 _____ :入れる

17 换零钱 _____ :小銭を両替する

18 柜台 _____ :カウンター

（山田）为了 缓解 大家 的 疲劳，今天 我们 泡 温泉。
Wèile huǎnjiě dàjiā de píláo, jīntiān wǒmen pào wēnquán.

这里 有 八种 浴池，还有 桑拿。
Zhèli yǒu bāzhǒng yùchí, háiyǒu sāngná.

希望 您 能 精神 焕发！ 请 注意 三 点：
Xīwàng nín néng jīngshén huànfā! Qǐng zhùyì sān diǎn:

1. 贵重 物品 请 锁在 衣物箱 里。
Guìzhòng wùpǐn, qǐng suǒzài yīwùxiāng li.

需要 100 日元 硬币，用 后 退还。
Xūyào yìbǎi Rìyuán yìngbì, yòng hòu tuìhuán.

2. 泡 温泉 之前，请 洗 干净 身体。
Pào wēnquán zhīqián, qǐng xǐ gānjìng shēntǐ.

3. 毛巾 不 可以 放进 浴池。
Máojīn bù kěyǐ fàngjìn yùchí.

泡 温泉 的 时间 是 两个 小时，六点 请 在 这里 集合。
Pào wēnquán de shíjiān shì liǎngge xiǎoshí, liùdiǎn qǐng zài zhèli jíhé.

（谷实）对不起，在 哪里 能 换 零钱？
Duìbuqǐ, zài nǎli néng huàn língqián?

（山田）在 这边 的 柜台 就 可以。
Zài zhèibian de guìtái jiù kěyǐ.

一　"为了～"「～のために」

① 为了 去 旅游，他 努力 工作。
　Wèile　qù　lǚyóu,　tā　nǔlì　gōngzuò.

② 为了 大家 的 健康，干杯！
　Wèile　dàjiā　de　jiànkāng,　gānbēi!

③ 为了 不 生病，他 锻炼 身体。
　Wèile　bù　shēngbìng,　tā　duànliàn　shēntǐ.

◆ 干杯：乾杯
◆ 生病：病気になる
◆ 锻炼：鍛える

二　"V（動詞）＋进～"「～にVて入る」

① 老师 走 进 了 教室。
　Lǎoshī　zǒu　jìn　le　jiàoshì.

② 不 可以 把 手机 带 进 浴池。
　Bù　kěyǐ　bǎ　shǒujī　dài　jìn　yùchí.

③ 大家 把 行李 拿 进 车 里。
　Dàjiā　bǎ　xíngli　ná　jìn　chē　li.

三　3つの"就"「ほかでもなく・～なら、それで……・すぐに」

① 这 就 是 日本 的 神社。
　Zhè　jiù　shì　Rìběn　de　shénshè.

② 如果下雨，就 不 去 观光 了。
　Rúguǒ xià yǔ,　jiù　bú　qù　guānguāng　le.

③ 您 稍等，我 就 来。
　Nín shāoděng,　wǒ　jiù　lái.

❶ 次の中国語のピンインを［ ］に書き、日本語の意味を（ ）に書きましょう。

❶ 为了　　　［　　　　　　　　　］（　　　　　　　　　　　）
❷ 衣物箱　　［　　　　　　　　　］（　　　　　　　　　　　）
❸ 洗干净　　［　　　　　　　　　］（　　　　　　　　　　　）
❹ 毛巾　　　［　　　　　　　　　］（　　　　　　　　　　　）
❺ 换零钱　　［　　　　　　　　　］（　　　　　　　　　　　）
❻ 柜台　　　［　　　　　　　　　］（　　　　　　　　　　　）

❷ 日本語の意味になるように語句を並べ替えましょう。

1 皆さんの疲れを緩和するため。

_____

① 大家的　　② 缓解　　③ 疲劳　　④ 为了

2 貴重品はカギがついているロッカーに入れてください。

　　貴重物品
_____

① 请　　　② 里　　　③ 衣物箱　　④ 锁在

3 タオルは湯船につけてはいけません。

_____

① 不可以　　② 毛巾　　③ 浴池　　④ 放进

❸ 日本語を中国語に訳しましょう。

1 ロッカーを使うのには100円必要ですが、使用後返却されます。

_____

2 温泉に入る時間は2時間です。

_____

3 こちらのカウンターで小銭の両替ができます。

_____

❶ 音声を聞いて、声調記号をつけ、対応する漢字を（　）に書きましょう。　🎧77

① huan jie
（　　　　）

② pi lao
（　　　　）

③ pao
（　　　　）

④ sang na
（　　　　）

⑤ suo
（　　　　）

⑥ xu yao
（　　　　）

⑦ ying bi
（　　　　）

⑧ shen ti
（　　　　）

⑨ fang jin
（　　　　）

❷ 中国語の質問を聞き、答えとして正しいものを選びましょう。　🎧78

1 A：貴重物品放在哪儿？
　　B：
①　　　　　②　　　　　③　　　　　④

2 A：在哪里能换零钱？
　　B：
①　　　　　②　　　　　③　　　　　④

❸ 中国語の問いを書きとり、中国語で答えましょう。　🎧79

1 Q：_____

　　A：_____

2 Q：_____

　　A：_____

3 Q：_____

　　A：_____

温泉に入ることは疲れを緩和する方法の一つです。以下について中国語で言えることを確認し、温泉に入るシーンを実際にやってみましょう、できれば動画に撮ってみましょう。

❶ 温泉に入る目的を説明 _____

❷ 施設の概況を説明 _____

❸ 温泉の効果を説明 _____

❹ 注意点を説明 _____

❺ 集合時間・場所を指定 _____

アツアツがいい

　　温泉はみんな大好き。温泉に入ると血液の循環が良くなり、体の疲れが取れる。でも温泉の後のキンキンに冷やしたビールが最高に美味しいと思っているのはほとんどが日本人のようだ。中国人は熱いお茶がいい。「冷」は万病の元と考えているからだ。

　　中国では、体調が悪い時、まず聞かれるのは「是不是着凉了」（冷気にあたったんじゃない）、お腹が痛いと言ったら、「睡觉的時候蹬被了吧」（寝ている時に布団を蹴飛ばしたでしょう）と言われ、腰や肩が痛いと言ったら、「受风了吧」（寒い風にあたったでしょう）と推測される。

　　人間の体で冷やしていい所は一つもない、温めれば大概の病気は治る。風邪の治療法は「発汗」と言って、綿入りの布団をしっかりかけて、額には熱いタオル、お湯をたくさん飲む。腰や肩の痛みにはお灸を据える。捻挫したら、度数の高い白酒で患部マッサージ。どれもアツアツだ。

　　普段の生活もアツアツである。冬はもちろん、真夏でも食事もお茶も弁当も熱いもの。「冷やし中華」なんてありえない。きっと日本人が考え出したのだろう。麺を氷水で冷やし、皿まで冷たいなんて、恐ろしい、お腹はどうなる？

　　「雪勢如此、如添二十万兵」（これほどの大雪、二十万の兵士を増やしたも同然）匈奴の単于の言葉だ。気候変動の研究によると、殷、漢、北宋、明の終焉の根底的な原因は、厳しい寒波であることが明らかになった。天命とはこのことなのかもしれない。

　　アイスは冷たくて美味しいけれど、体も心も人間関係も国と国の関係も、基本はアツアツがいいね。

忘れ物

単語帳 ピンインを本文から探して ＿＿＿＿ に書き込みなさい。　🎧 80

1 哎呀 ＿＿＿＿＿：しまった

2 见 ＿＿＿＿＿：見当たる

3 不要 ＿＿＿＿＿：～してはいけない

4 着急 ＿＿＿＿＿：焦る

5 忘 ＿＿＿＿＿：忘れる

6 寄 ＿＿＿＿＿：郵送する

7 明信片 ＿＿＿＿＿：はがき

8 邮局 ＿＿＿＿＿：郵便局

9 特征 ＿＿＿＿＿：特徴

10 粉色 ＿＿＿＿＿：ピンク色

11 怎么办 ＿＿＿＿＿：どうする

12 别 ＿＿＿＿＿：～しないで

13 马上 ＿＿＿＿＿：すぐに

14 取 ＿＿＿＿＿：取る

■ （ホテルへの帰り道）

李娜 哎呀！我 的 手机 不 见 了！
Āiyā! Wǒ de shǒujī bú jiàn le!

山田 您 不要 着急，是不是 忘 在 哪儿 了？
Nín búyào zháojí, shìbushì wàng zài nǎr le?

李娜 对了，刚才 寄 明信片 的 时候，忘 在 邮局 了。
Duìle, gāngcái jì míngxìnpiàn de shíhou, wàng zài yóujú le.

山田 您 的 手机 有 什么 特征？
Nín de shǒujī yǒu shénme tèzhēng?

李娜 我 的 手机 是 粉色 的。哎呀！怎么办？
Wǒ de shǒujī shì fěnsè de. Āiyā! Zěnmebàn?

山田 您 别 着急，我 马上 跟 邮局 联系。
Nín bié zháojí, wǒ mǎshàng gēn yóujú liánxi.

■ （郵便局に連絡取ったあと）

山田 邮局 的 人 说，有 一个 跟 您 的 手机 特征 一样 的。
Yóujú de rén shuō, yǒu yíge gēn nín de shǒujī tèzhēng yíyàng de.

李娜 太好了，我 马上 去 取。
Tàihǎole, wǒ mǎshàng qù qǔ.

山田 我 跟 您 去。大家 请 在 这里 等 一下。
Wǒ gēn nín qù. Dàjiā qǐng zài zhèli děng yíxià.

一　禁止表現 "不要"、"别"「しないで、するな」

① 请 不要 忘 了 把 护照 给 我。
Qǐng búyào wàng le bǎ hùzhào gěi wǒ.

② 别 灰心。
Bié huīxīn.

◆ 灰心：がっかりする

③ 请 不要 把 毛巾 放 进 浴池。
Qǐng búyào bǎ máojīn fàng jìn yùchí.

二　"怎么"2 「どう、どのように」方法・手段を聞く

① 生鱼 怎么 吃？
Shēngyú zěnme chī?

② 我们 怎么 去 日本？ 坐 船 还是 坐 飞机？
Wǒmen zěnme qù Rìběn? Zuò chuán háishi zuò fēijī?

◆ 飞机：飛行機

③ 这个 手机 怎么 用？
Zhèige shǒujī zěnme yòng?

三　"有+N（名詞）+V（動詞）"「V する N がある」

① 我 有 一个 朋友 当 导游。
Wǒ yǒu yíge péngyou dāng dǎoyóu.

◆ 当：従事する

② 他 没 有 时间 去 旅游。
Tā méi yǒu shíjiān qù lǚyóu.

③ 你们 有 事 跟 我 说 吗？
Nǐmen yǒu shì gēn wǒ shuō ma?

❶ 次の中国語のピンインを [ ] に書き、日本語の意味を ( ) に書きましょう。

① 哎呀　　 [　　　　　　　　] (　　　　　　　　　)
② 着急　　 [　　　　　　　　] (　　　　　　　　　)
③ 明信片　 [　　　　　　　　] (　　　　　　　　　)
④ 邮局　　 [　　　　　　　　] (　　　　　　　　　)
⑤ 怎么办　 [　　　　　　　　] (　　　　　　　　　)
⑥ 马上　　 [　　　　　　　　] (　　　　　　　　　)

❷ 日本語の意味になるように語句を並べ替えましょう。

1 どこに忘れましたか。

_____

　① 在　　　② 哪儿　　③ 忘　　　④ 了

2 あなたの携帯電話はどんな特徴がありますか。

　　你的
_____
　① 有　　　② 手机　　③ 特征　　④ 什么

3 すぐに郵便局に連絡します。

_____

　① 跟　　　② 邮局　　③ 马上　　④ 联系

❸ 日本語を中国語に訳しましょう。

1 私のパスポートが見当たらない、どうしましょう。

_____

2 あせらないでください。

_____

3 あなたのと同じ特徴の携帯電話があります。

_____

1 音声を聞いて、声調記号をつけ、対応する漢字を（　）に書きましょう。　🎧83

1 jian
（　　　）

2 bu yao
（　　　）

3 wang
（　　　）

4 ji
（　　　）

5 te zheng
（　　　）

6 fen se
（　　　）

7 bie
（　　　）

8 qu
（　　　）

9 you ju
（　　　）

2 中国語の質問を聞き、答えとして正しいものを選びましょう。　🎧84

1 A：我的手机忘在邮局了，怎么办？
　　B：
　　① 　　　　　　② 　　　　　　③ 　　　　　　④

2 A：你能跟我去吗？
　　B：
　　① 　　　　　　② 　　　　　　③ 　　　　　　④

3 中国語の問いを書きとり、中国語で答えましょう。　🎧85

1 Q：_____

　　A：_____

2 Q：_____

　　A：_____

3 Q：_____

　　A：_____

大事なものをどこかに置き忘れた時、とても焦りますね。そんなツーリストを落ち着かせ、対応方法を考えることができますか。以下について中国語で言えることを確認し、「忘れ物」のシーンを実際にやってみましょう。できれば動画に撮ってみましょう。

❶ 忘れものに気付く ＿＿＿＿＿＿＿＿＿＿＿＿＿＿＿＿＿＿＿＿＿＿＿＿＿

❷ 気持ちを落ち着かせる ＿＿＿＿＿＿＿＿＿＿＿＿＿＿＿＿＿＿＿＿＿＿＿

❸ 経緯を思い出させる ＿＿＿＿＿＿＿＿＿＿＿＿＿＿＿＿＿＿＿＿＿＿＿

❹ 物の特徴を尋ねる ＿＿＿＿＿＿＿＿＿＿＿＿＿＿＿＿＿＿＿＿＿＿＿

❺ 関係部署に連絡 ＿＿＿＿＿＿＿＿＿＿＿＿＿＿＿＿＿＿＿＿＿＿＿

❻ 同行を提案 ＿＿＿＿＿＿＿＿＿＿＿＿＿＿＿＿＿＿＿＿＿＿＿

❼ 他の人に待つよう指示 ＿＿＿＿＿＿＿＿＿＿＿＿＿＿＿＿＿＿＿＿＿＿＿

神様のお恵み

　　うっかりして物をどこかに忘れることは誰しもあるだろう。それに気付いた時の心理は大まかに三種類に分けることができる。誰かにネコババされたらと気が気でない、見つかるはずがないとあきらめる、忘れたところや近くの警察署に行けばきっと見つかるとのんきに構える。

　　しかし、結果は二つしかない。見つかると見つからない。見つかると心理的にすぐ楽になるが、見つからない時に落ち込んだら、その後の旅も台無しになりかねない。

　　逆の立場に立ってその忘れ物を最初に気付いた人の気持ちを考えてみよう。生活に余裕があって礼節を知る人は、忘れ物をした人はきっととても焦っているだろう、早く届けてあげたい、ネコババは人間がやることではないと考える。しかし、「衣食足りて礼節を知る」という言葉があるように、人は、物質的に不自由が無くなって、初めて礼儀に心を向ける余裕ができてくる。今日の食べ物にも困っている困窮者の目には、その忘れ物は神様から自分へのお恵みに見えるに違いない。全知全能で、自分を苦難から救い出す神様に心から感謝しながらそれを大切に使うのであろう。

　　忘れ物が見つからない時は、神様が自分よりもそれを必要としている人に恵んであげたのだと考えると気が楽になり、その後の旅も楽しめるのだ。

日本の祭り

単語帳 ピンインを本文から探して ＿＿＿＿ に書き込みなさい。 🎧 86

1 哇 ＿＿＿＿＿ ：わあ

2 热闹 ＿＿＿＿＿ ：にぎやか

3 鼓声 ＿＿＿＿＿ ：太鼓の音

4 真 ＿＿＿＿＿ ：本当に、本当

5 令 ＿＿＿＿＿ ：させる

6 振奋 ＿＿＿＿＿ ：奮い立つ

7 使 ＿＿＿＿＿ ：させる

8 五谷丰登 ＿＿＿＿＿ ：五穀豊穣

9 生意兴隆 ＿＿＿＿＿ ：商売繁盛

10 家庭平安 ＿＿＿＿＿ ：家内安全

11 心诚则灵 ＿＿＿＿＿ ：祈れば叶う

12 美好 ＿＿＿＿＿ ：美しい

13 祝愿 ＿＿＿＿＿ ：祈り、願い

14 过来 ＿＿＿＿＿ ：やって来る

15 山车 ＿＿＿＿＿ ：山車

16 灯笼山车 ＿＿＿＿＿ ：提灯山笠

17 气势 ＿＿＿＿＿ ：勢い

18 齐心合力 ＿＿＿＿＿ ：心と力を合せる

19 让 ＿＿＿＿＿ ：させる

20 感动 ＿＿＿＿＿ ：感動する

21 庙会 ＿＿＿＿＿ ：祭り

22 精神 ＿＿＿＿＿ ：精神、心

■（日本の夏祭りを見学します）　87

黄沐 哇！ 真 热闹 啊！
Wā! Zhēn rènao a!

山田 这 是 小仓 祇园 太鼓，是 有 400 多 年 历史 的 民俗 文化。
Zhè shì Xiǎocāng qíyuán tàigǔ, shì yǒu sìbǎi duō nián lìshǐ de mínsú wénhuà.

黄沐 这 鼓声 真 令人 振奋 啊！
Zhè gǔshēng zhēn lìngrén zhènfèn a!

山田 能 使 天下太平，国土安泰，五谷丰登，生意兴隆，
Néng shǐ tiānxiàtàipíng, guótǔ'āntài, wǔgǔfēngdēng, shēngyìxīnglóng,
家庭 平安。
jiātíng píng'ān.

黄沐 真 的 吗？
Zhēn de ma?

山田 心诚 则灵，这 是 我们 的 美好 祝愿。
Xīnchéng zélíng, zhè shì wǒmen de měihǎo zhùyuàn.

黄沐 那边 过来 的 是 什么？
Nèibiān guòlái de shì shénme?

山田 是 山车，后面 的 是 灯笼 山车。
Shì shānchē, hòumian de shì dēnglóng shānchē.

黄沐 哇！ 很 有 气势！ 大家 齐心 合力，真 让 人 感动！
Wā! Hěn yǒu qìshì! Dàjiā qíxīn hélì, zhēn ràng rén gǎndòng!

山田 是 啊！ 庙会 能 给 我们 很 大 的 精神 力量。
Shì a! Miàohuì néng gěi wǒmen hěn dà de jīngshén lìliang.

一 "令"「～気持ちにさせる」

① 他 的 话 令 人 悲哀。
　Tā de huà lìng rén bēi'āi.
　　　　　　　　　　　　　　◆ 悲哀：悲しい

② 孩子 的 成长 令 人 高兴。
　Háizi de chéngzhǎng lìng rén gāoxìng.
　　　　　　　　　　　　　　◆ 孩子：子ども

③ 价格 便宜 得 令 人 吃惊。
　Jiàgé piányi de lìng rén chījīng.
　　　　　　　　　　　　　　◆ 吃惊：びっくりする

二 "使"「～状態にさせる」

① 科学 使 社会 进步。
　Kēxué shǐ shèhuì jìnbù.
　　　　　　　　　　　　　　◆ 进步：進歩する

② 这 种 药 使 他 的 病 痊愈 了。
　Zhèi zhǒng yào shǐ tā de bìng quányù le.
　　　　　　　　　　　　　　◆ 痊愈：治る

③ 旅游 使 我们 的 视野 开阔 了。
　Lǚyóu shǐ wǒmen de shìyě kāikuò le.
　　　　　　　　　　　　　　◆ 开阔：広める

三 "让"「～動作をさせる」

① 让 山田 带 我们 去 买 东西 吧。
　Ràng Shāntián dài wǒmen qù mǎi dōngxi ba.

② 他 让 我 喝 咖啡。
　Tā ràng wǒ hē kāfēi.

③ 山田 让 大家 把 行李 拿 好。
　Shāntián ràng dàjiā bǎ xíngli ná hǎo.

比較

"让" は、口語的で、使用範囲が最も広く「～気持ちにさせる」、「～状態にさせる」にも使える。

"使" は、やや文語的で、「～気持ちにさせる」には使えるが、「～動作をさせる」には使えない。

"令" は、文語的で、使用範囲が狭く、「～気持ちにさせる」にしか使えない。

1 次の中国語のピンインを [ ] に書き、日本語の意味を（ ）に書きましょう。

1 热闹 [   ] （   ）

2 振奋 [   ] （   ）

3 山车 [   ] （   ）

4 鼓声 [   ] （   ）

5 庙会 [   ] （   ）

6 精神 [   ] （   ）

2 日本語の意味になるように語句を並べ替えましょう。

1 100年以上の歴史があります。

有 ＿＿＿＿＿＿＿＿＿＿＿＿＿＿＿＿＿＿

① 100　　② 年　　③ 多　　④ 历史

2 あちらからやってきたのは何ですか。

＿＿＿＿＿＿＿＿＿＿＿＿＿＿＿＿＿＿＿

① 什么　　② 是　　③ 那边　　④ 过来的

3 本当に感動させられます。

＿＿＿＿＿＿＿＿＿＿＿＿＿＿＿＿＿＿＿

① 人　　② 让　　③ 真　　④ 感动

3 日本語を中国語に訳しましょう。

1 天下太平、国土安泰、五穀豊穣、商売繁盛、家内安全にさせてくれます。

＿＿＿＿＿＿＿＿＿＿＿＿＿＿＿＿＿＿＿＿＿＿＿＿＿＿＿＿＿

2 真心で願えば叶います。

＿＿＿＿＿＿＿＿＿＿＿＿＿＿＿＿＿＿＿＿＿＿＿＿＿＿＿＿＿

3 お祭りは私たちの心に大きな力をくれます。

＿＿＿＿＿＿＿＿＿＿＿＿＿＿＿＿＿＿＿＿＿＿＿＿＿＿＿＿＿

1 音声を聞いて、声調記号をつけ、対応する漢字を（ ）に書きましょう。　🎧89

1 ling

（　　　　）

2 zhen

（　　　　）

3 shi

（　　　　）

4 mei hao

（　　　　）

5 zhu yuan

（　　　　）

6 guo lai

（　　　　）

7 qi shi

（　　　　）

8 rang

（　　　　）

9 gan dong

（　　　　）

2 中国語の質問を聞き、答えとして正しいものを選びましょう。　🎧90

1 A：庙会热闹吗？

B：

① ② ③ ④

2 A：那边过来的是谁？

B：

① ② ③ ④

3 中国語の問いを書きとり、中国語で答えましょう。　🎧91

1 Q：＿＿＿＿＿＿＿＿＿＿＿＿＿＿＿＿＿＿＿＿＿＿＿＿＿＿＿＿＿＿＿

A：＿＿＿＿＿＿＿＿＿＿＿＿＿＿＿＿＿＿＿＿＿＿＿＿＿＿＿＿＿＿＿

2 Q：＿＿＿＿＿＿＿＿＿＿＿＿＿＿＿＿＿＿＿＿＿＿＿＿＿＿＿＿＿＿＿

A：＿＿＿＿＿＿＿＿＿＿＿＿＿＿＿＿＿＿＿＿＿＿＿＿＿＿＿＿＿＿＿

3 Q：＿＿＿＿＿＿＿＿＿＿＿＿＿＿＿＿＿＿＿＿＿＿＿＿＿＿＿＿＿＿＿

A：＿＿＿＿＿＿＿＿＿＿＿＿＿＿＿＿＿＿＿＿＿＿＿＿＿＿＿＿＿＿＿

今年のお祭りは何日ですか。お祭りの日時と以下について中国語で言えることを確認し、
お祭りを見に行くシーンを実際にやってみましょう、できれば動画に撮ってみましょう。

❶ お祭りを見た感想 _____

❷ 太鼓を聞いた感想 _____

❸ 祇園太鼓の意義 _____

❹ 祈れば叶う _____

❺ 山車を見た感想 _____

❻ 心の感動を表す _____

❼ お祭りが人に与えるもの _____

祭 り

　「祭」という字が真ん中にあるはちまきを頭に巻いている可愛い赤ちゃんの写真
を中国の友人に見せると、「どなたが亡くなったのですか」と驚いた顔で聞かれた。
そうか、と私は初めて赤ちゃんの笑顔ではなく、「祭」という字に瞳を凝らした。

　日本で「祭」を見ると耳に北島三郎の力強い歌声が聞こえ、ふんどしに法被姿
の男衆が「そいや、そいや」の掛け声の中で山車を担いで懸命に行進する場面が
脳裏に浮かぶ。一方、中国ではこの字は弔いをするという意味で葬儀とセットに
なっている。同じ漢字なのに、イメージはこんなにも違うのかと嘆きたくもなるが、
「漢字」が誕生した漢時代の「祭」に思いを馳せてみよう。

　漢は「国之大事、在祀与戎」の時代だ。「祀」は祭る、「戎」は軍事、即ち国にとっ
て最も大事なのは、祭りと軍事である。祭りは、皇帝の死後、立派な葬儀をする
こととその亡霊を生きている時同様に世話することと「月游衣冠」などを含む。「月
游衣冠」は、毎月の十五日に皇帝生前の衣服と冠を「法駕」という車に山のよう
に乗せ、生前の外遊同然に長蛇の列で「黄門鼓吹」という 450 名編成の皇家楽隊
の演奏の中で「文始・四時・五行」の舞を踊りながら陵墓から宗廟まで行く。壮
観である。1 年のうち、8 月は皇帝ご親臨のため、最も盛大、つまり夏祭りである。

　皇帝が崩御すると、祭りのために 10 万都市が生まれるという。なぜなら、先帝
の御霊をしっかり祭れば、そのご加護で天下泰平・国土安泰・五穀豊穣・商売繁盛・
家内安全などの願いが叶うと、皇帝が深く信じているからである。

空港へ見送り

単語帳 ピンインを本文から探して ＿＿＿＿ に書き込みなさい。　🎧92

1 要〜了 ＿＿＿＿：もうすぐ〜となる

2 结束 ＿＿＿＿：終わる

3 怎么样 ＿＿＿＿：どう、いかが

4 意外 ＿＿＿＿：ハプニング

5 觉得 ＿＿＿＿：思う

6 更 ＿＿＿＿：いっそう

7 意义 ＿＿＿＿：意義

8 感到 ＿＿＿＿：感じる

9 温暖 ＿＿＿＿：温かみ

10 舒适 ＿＿＿＿：快適である

11 话 ＿＿＿＿：言葉

12 〜上 ＿＿＿＿：〜しはじめる

13 一定 ＿＿＿＿：必ず、きっと

14 干 ＿＿＿＿：（仕事）をする

15 〜下去 ＿＿＿＿：〜し続ける

16 还 ＿＿＿＿：また

■ （空港へ見送りに行くバスの中で）

山田 这次 的 旅游 就 要 结束 了，大家 玩儿得 怎么样？
Zhèicì de lǚyóu jiù yào jiéshù le, dàjiā wánrde zěnmeyàng?

龙友 虽然 有 一些 小 意外，但是 玩儿得 非常 开心。
Suīrán yǒu yìxiē xiǎo yìwài, dànshì wánrde fēicháng kāixīn.

李娜 我 觉得 这 些 小 意外，让 我们 的 旅游 更 有 意义 了。
Wǒ juéde zhèi xiē xiǎo yìwài, ràng wǒmen de lǚyóu gèng yǒu yìyì le.

黄沐 是 啊！让 我们 感到 了 日本人 的 温暖。
Shì a! Ràng wǒmen gǎndào le Rìběnrén de wēnnuǎn.

尤华 日本 不但 让 我们 感到 新鲜,还 让 我们 感到 舒适 和 安心。
Rìběn búdàn ràng wǒmen gǎndào xīnxiān, hái ràng wǒmen gǎndào shūshì hé ānxīn.

山田 听了 大家 的 话，我 喜欢 上 这个 工作 了。
Tīngle dàjiā de huà, wǒ xǐhuan shang zhèige gōngzuò le.

林希 你 一定 要 干下去 啊！
Nǐ yídìng yào gàn xiàqu a!

山田 我 一定 努力。
Wǒ yídìng nǔlì.

■ （出発口の前で別れのあいさつ）

谷实 山田 谢谢 你！我们 还 会 再 来 的，再见！
Shāntián xièxie nǐ! Wǒmen hái huì zài lái de, zàijiàn!

山田 谢谢 大家！希望 大家 再 来 日本，再见！
Xièxie dàjiā! Xīwàng dàjiā zài lái Rìběn, zàijiàn!

一　"要～了"「もうすぐ～になる」

① 要 过年 了。
Yào guònián　le.

② 要 下午 一点 了，我们 吃 午餐 吧。
Yào　xiàwǔ　yīdiǎn　le,　wǒmen　chī　wǔcān　ba.

③ 飞机 要 到 了，我们 就 要 见到 山田 了。
Fēijī　yào　dào　le,　wǒmen　jiù　yào　jiàndào　Shāntián　le.

二　"V（動詞）＋上"「V はじめる」

① 他 用 上 新 手机 了。
Tā yòng shang xīn shǒujī　le.

② 大家 都 喜欢 上 日本 了。
Dàjiā　dōu　xǐhuan shang　Rìběn　le.

③ 他 最近 看 上 松本 清张 的 小说 了。
Tā　zuìjìn　kàn shang Sōngběn Qīngzhāng de xiǎoshuō　le.

三　"V（動詞）＋下去"「V 続ける」

① 请 说 下 去。
Qǐng shuō xià　qù.

② 这 本 书 太 难 了，我 看 不 下 去 了。
Zhè běn shū tài nán le,　wǒ kàn bu xià qù　le.

③ 我们 希望 中 日 两 国 世世代代 友好 下去。
Wǒmen　xīwàng Zhōng Rì liǎng guó　shìshìdàidài　yǒuhǎo　xiàqù.

練習問題 A14

1 次の中国語のピンインを [ ] に書き、日本語の意味を（ ）に書きましょう。

① 要～了　[　　　　　　] （　　　　　　　）
② 怎么样　[　　　　　　] （　　　　　　　）
③ 意义　　[　　　　　　] （　　　　　　　）
④ 舒适　　[　　　　　　] （　　　　　　　）
⑤ 下去　　[　　　　　　] （　　　　　　　）
⑥ 还　　　[　　　　　　] （　　　　　　　）

2 日本語の意味になるように語句を並べ替えましょう。

1 旅は間もなく終わります。

　　旅游_____

　①结束　②就　　③了　　④要

2 小さなハプニングが少しあります。

　_____

　①小　　②有　　③一些　④意外

3 必ずやり続ける。

　_____

　①干　　②一定　③要　　④下去

3 日本語を中国語に訳しましょう。

1 これらのハプニングは旅をいっそう有意義なものにしてくれました。

_____

2 私はこの仕事が好きになりました。

_____

3 皆さんのまたのご来日を期待しております。

_____

1 音声を聞いて、声調記号をつけ、対応する漢字を（ ）に書きましょう。 🎧95

1 jie shu

（　　　）

2 jue de

（　　　）

3 yi wai

（　　　）

4 geng

（　　　）

5 gan dao

（　　　）

6 wun nuan

（　　　）

7 hua

（　　　）

8 yi ding

（　　　）

9 gan

（　　　）

2 中国語の質問を聞き、答えとして正しいものを選びましょう。 🎧96

1 A：大家玩得怎么样？

　 B：

① 　　　　　　② 　　　　　　③ 　　　　　　④

2 A：他们还会再来吗？

　 B：

① 　　　　　　② 　　　　　　③ 　　　　　　④

3 中国語の問いを書きとり、中国語で答えましょう。 🎧97

1 Q：＿＿＿＿＿＿＿＿＿＿＿＿＿＿＿＿＿＿＿＿＿＿＿＿＿

　 A：＿＿＿＿＿＿＿＿＿＿＿＿＿＿＿＿＿＿＿＿＿＿＿＿＿

2 Q：＿＿＿＿＿＿＿＿＿＿＿＿＿＿＿＿＿＿＿＿＿＿＿＿＿

　 A：＿＿＿＿＿＿＿＿＿＿＿＿＿＿＿＿＿＿＿＿＿＿＿＿＿

3 Q：＿＿＿＿＿＿＿＿＿＿＿＿＿＿＿＿＿＿＿＿＿＿＿＿＿

　 A：＿＿＿＿＿＿＿＿＿＿＿＿＿＿＿＿＿＿＿＿＿＿＿＿＿

◀◀◀ チャレンジシート 14 ▶▶▶

いよいよ皆さんが旅を終え、帰国することになりました。以下について中国語で言えることを確認し、旅の感想を聞き、お別れのシーンを実際にやってみましょう。できれば動画に撮ってみましょう。

❶ 旅の感想を尋ねる ＿＿＿＿＿＿＿＿＿＿＿＿＿＿＿＿＿＿＿＿＿＿

❷ 旅の感想を述べる ＿＿＿＿＿＿＿＿＿＿＿＿＿＿＿＿＿＿＿＿＿＿

❸ 旅の収穫を述べる ＿＿＿＿＿＿＿＿＿＿＿＿＿＿＿＿＿＿＿＿＿＿

❹ 励ましの言葉 ＿＿＿＿＿＿＿＿＿＿＿＿＿＿＿＿＿＿＿＿＿＿＿＿

❺ 決心を述べる ＿＿＿＿＿＿＿＿＿＿＿＿＿＿＿＿＿＿＿＿＿＿＿＿

❻ 再会への約束 ＿＿＿＿＿＿＿＿＿＿＿＿＿＿＿＿＿＿＿＿＿＿＿＿

❼ 再会への期待 ＿＿＿＿＿＿＿＿＿＿＿＿＿＿＿＿＿＿＿＿＿＿＿＿

旅の終わりに

　「人はなぜ旅をするの？」という質問に、あるお寺のご住職は「帰る家があるから」と答えた。目をパチクリしてご住職を見つめると、「帰る家が無かったら、旅じゃなくて、放浪っていうだろう」と続けた。なるほど、旅は非日常だから、楽しめるのだ。

　しかし、「放浪の旅」という言葉もある。いつかきっと帰るという思いを胸に故郷を追われる。家族そろって生きて帰れるために農作物の種子を嚢中に入れて、波乱万丈の海を渡る人もいた。だが、二度とあの愛しい故郷に帰れない人もたくさんいた。その望郷の思いを汲まれてのことだろう、山口県の土井ケ浜遺跡で発掘された約300体の人骨はすべて海の彼方の中国山東省に向いている。彼らは、稲作を日本に伝えたとされている2300年ほど前の弥生時代の渡来人である。

　帰る家があるから旅は楽しめる。旅をしたから、普段の日常生活や想像力がさらに豊かになる。己の旅によって得られるものはたくさんある、一方、他者の旅によって持たらされるものも計り知れない。三蔵法師がきっとうなずいているだろう。旅は生活の根底であると言えよう。もし人類の祖先がサハラ砂漠から一歩も出なかったら、私たちは生まれてくることも生きることも無かったであろう。

　「人はなぜ旅をするの？」と聞かれたら、一歩前進するために旅をするのだと答えたい。

語 句 一 覧

※数字は初出のページを表しています。

A

| 哎呀 | āiyā | しまった | 78 |
| 安排 | ānpái | 予定 | 18 |

B

办	bàn	（手続きなど）をする	36
帮	bāng	手伝う、助ける	30
帮助	bāngzhù	助ける	44
包括	bāokuò	含む	24
被	bèi	〜に……される	66
悲哀	bēi'āi	悲しい	86
比	bǐ	〜より	54
比如	bǐrú	たとえば	42
别	bié	〜しないで	78
别人	biérén	ほかの人	68
拨	bō	ダイヤルをまわす	36
不但	búdàn	ばかりではなく	54
不如	bùrú	〜に及ばない	48
不要	búyào	〜してはいけない	78

C

参拜	cānbài	参拝する、詣でる	42
参观	cānguān	見物、見学（する）	18
餐厅	cāntīng	レストラン	36
茶叶	cháyè	茶葉	36
吃惊	chījīng	びっくりする	86
吃药	chīyào	薬を飲む	66
重新	chóngxīn	改めて、もう一度	60
出发	chūfā	出発する	36
除了	chúle	除いて	24
穿上	chuānshang	着る	30
从〜	cóng	〜から	66

D

| 大概 | dàgài | たぶん、おそらく | 66 |

（右段）

大家	dàjiā	みなさん	12
带	dài	引き連れる	54
但是	dànshì	しかし、〜が	24
当	dāng	従事する	80
祷告	dǎogào	祈願する	42
导游	dǎoyóu	ガイド	18
到达	dàodá	到着する、着く	18
等	děng	など	24
等	děng	待つ	20
住宿登记	dēngjì	チェックイン	36
灯笼山车	dēnglóngshānchē		
		提灯山笠	84
地方	dìfang	場所、ところ	48
电机	diànjī	電機	54
懂	dǒng	分かる	54
动漫	dòngmàn	アニメ	44
锻炼	duànliàn	鍛える	74
对表	duìbiǎo	時計を合わせる	18
对了	duìle	そうだ	48

E

厄运年	èyùnnián	厄年	42
欸	éi	ねえ	48
而	ér	逆に〜である	60
而且	érqiě	しかも	54

F

发烧	fāshāo	熱が出る	66
饭店	fàndiàn	ホテル	18
房间	fángjiān	部屋	36
放	fàng	置く	26
放进	fàngjìn	入れる	72
飞机	fēijī	飛行機	80
粉色	fěnsè	ピンク色	78
付钱	fùqián	金を支払う	24

96

著　者

篠原　征子
博士（学術）　北九州市立大学、西南女学院大学、下関市立大学等で非常勤講師

ツーリズム中国語
― ようこそ日本へ！―

2020.2.1　初版発行

発行者　井 田 洋 二

発行所　〒101-0062　東京都千代田区神田駿河台３の７　　　株式　**駿河台出版社**
　　　　電話　東京03（3291）1676　FAX 03（3291）1675　　会社
　　　　振替　00190-3-56669番
　　　　E-mail：edit@e-surugadai.com
　　　　URL：http://www.e-surugadai.com

組版・印刷・製本／フォレスト

ISBN 978-4-411-03128-0 C1087　¥2200E

中●国●語●音●節●表

韻母\声母		1（介音なし）														2				
		a	o	e	-i	er	ai	ei	ao	ou	an	en	ang	eng	ong	i	ia	ie	iao	iou -iu
	ゼロ	a	o	e		er	ai	ei	ao	ou	an	en	ang			yi	ya	ye	yao	you
ア	b	ba	bo				bai	bei	bao		ban	ben	bang	beng		bi		bie	biao	
イ	p	pa	po				pai	pei	pao	pou	pan	pen	pang	peng		pi		pie	piao	
ウ	m	ma	mo	me			mai	mei	mao	mou	man	men	mang	meng		mi		mie	miao	miu
エ	f	fa	fo					fei		fou	fan	fen	fang	feng						
オ	d	da		de			dai	dei	dao	dou	dan	den	dang	deng	dong	di	dia	die	diao	diu
カ	t	ta		te			tai	tei	tao	tou	tan		tang	teng	tong	ti		tie	tiao	
キ	n	na		ne			nai	nei	nao	nou	nan	nen	nang	neng	nong	ni		nie	niao	niu
ク	l	la	lo	le			lai	lei	lao	lou	lan		lang	leng	long	li	lia	lie	liao	liu
ケ	g	ga		ge			gai	gei	gao	gou	gan	gen	gang	geng	gong					
コ	k	ka		ke			kai	kei	kao	kou	kan	ken	kang	keng	kong					
サ	h	ha		he			hai	hei	hao	hou	han	hen	hang	heng	hong					
シ	j															ji	jia	jie	jiao	jiu
ス	q															qi	qia	qie	qiao	qiu
セ	x															xi	xia	xie	xiao	xiu
ソ	zh	zha		zhe	zhi		zhai	zhei	zhao	zhou	zhan	zhen	zhang	zheng	zhong					
タ	ch	cha		che	chi		chai		chao	chou	chan	chen	chang	cheng	chong					
チ	sh	sha		she	shi		shai	shei	shao	shou	shan	shen	shang	sheng						
ツ	r			re	ri				rao	rou	ran	ren	rang	reng	rong					
テ	z	za		ze	zi		zai	zei	zao	zou	zan	zen	zang	zeng	zong					
ト	c	ca		ce	ci		cai		cao	cou	can	cen	cang	ceng	cong					
ナ	s	sa		se	si		sai		sao	sou	san	sen	sang	seng	song					

「i」の発音に注意

消える「o」に注意

					3（介音 u）									4（介音 ü）				
an	in	iang	ing	iong	u	ua	uo	uai	uei -ui	uan	uen -un	uang	ueng	ü	üe	üan	ün	
an	yin	yang	ying	yong	wu	wa	wo	wai	wei	wan	wen	wang	weng	yu	yue	yuan	yun	ア
ian	bin		bing		bu													イ
ian	pin		ping		pu													ウ
ian	min		ming		mu													エ
					fu													オ
ian			ding		du		duo		dui	duan	dun							カ
an			ting		tu		tuo		tui	tuan	tun							キ
ian	nin	niang	ning		nu		nuo			nuan				nü	nüe			ク
an	lin	liang	ling		lu		luo			luan	lun			lü	lüe			ケ
					gu	gua	guo	guai	gui	guan	gun	guang						コ
					ku	kua	kuo	kuai	kui	kuan	kun	kuang						サ
					hu	hua	huo	huai	hui	huan	hun	huang						シ
an	jin	jiang	jing	jiong										ju	jue	juan	jun	ス
ian	qin	qiang	qing	qiong										qu	que	quan	qun	セ
ian	xin	xiang	xing	xiong										xu	xue	xuan	xun	ソ
					zhu	zhua	zhuo	zhuai	zhui	zhuan	zhun	zhuang						タ
					chu	chua	chuo	chuai	chui	chuan	chun	chuang						チ
					shu	shua	shuo	shuai	shui	shuan	shun	shuang						ツ
					ru	rua	ruo		rui	ruan	run							テ
					zu		zuo		zui	zuan	zun							ト
					cu		cuo		cui	cuan	cun							ナ
					su		suo		sui	suan	sun							

「a」の発音に注意

消える「e」に注意

「ü」の「‥」を省略

9784411031280

1921087022008

ISBN978-4-411-03128-0

C1087 ¥2200E

定価（本体2200円+税）

音声無料ダウンロード

ここからはがして下さい

51

ISBN： 9784411031280

1／1

発注No： 113644

発注日付： 241212

コメント： 1087

番線CD： 187280　　23

客注